d

DIDASKALIA

Schriftenreihe
für die Evangelische Kirche von Kurhessen-Waldeck

Herausgegeben
von Günter Bezzenberger und Johannes Beisheim

HEFT 23

Umschlaggestaltung: Manfred Liebrecht
Druck: Informationszentrum Kassel-Wilhelmshöhe
Einband: Thiele u. Schwarz, Kassel-Wilhelmshöhe
ISBN 3–920–310–15–2

RECHT IM ALTER

Kleine Handreichung für
die Altenarbeit

von
Hans-Hartmann Frhr. v. Schlotheim

Verlag Evangelischer Presseverband Kurhessen-Waldeck
Kassel 1978

Inhaltsübersicht

VORBEMERKUNG

Die nachfolgende Darstellung möchte den Mitarbeitern der offenen Altenarbeit in den Gemeinden wie denen in den Altenheimen eine kleine Hilfe als Information bieten. Sie geht auf Rückfragen aus der Pfarrerschaft und auf eigene Erfahrungen im Unterricht für Altenpfleger zurück.

Aufgabe dieser Information kann es nicht sein, Gesetzeskunde zu vermitteln oder Vorschläge für die Lösung einzelner Fragen oder Fälle zu bringen. Es soll nicht mehr als die Möglichkeit gegeben werden, sich über rechtliche Regelungen auf Gebieten zu unterrichten, auf denen Lebensfragen alter Menschen auftauchen — Fragen, zu denen der Altenpfleger, der Gemeindepfarrer, der Helfer in der offenen Arbeit, will er der Sorge für den alten Menschen gerecht werden, eine mindestens vorläufige Antwort, einen Hinweis, eine Ermutigung muß geben können.

Dem Leser wird nicht entgehen, daß an vielen Stellen nicht zwischen alten Menschen und Behinderten unterschieden ist. In gewissem Umfange treffen die Mitteilungen auch auf Behinderte jeden Alters zu, doch ist die Schrift insgesamt auf die Arbeit mit alten Menschen zugeschnitten.

I. PFLEGSCHAFT. VORMUNDSCHAFT.
1. Rechtsfähigkeit. Geschäftsfähigkeit.

Für die rechtliche Stellung und die rechtlichen Möglichkeiten eines jeden Menschen sind zwei Begriffe von Bedeutung: seine Rechtsfähigkeit und seine Geschäftsfähigkeit. Unter **Rechtsfähigkeit** versteht man, daß der Mensch „fähig" ist, Träger von Rechten und Pflichten zu sein. Das heißt etwa im einzelnen, daß er Eigentümer irgendwelchen Vermögens sein kann oder Inhaber von Ansprüchen oder Gläubiger von Forderungen, daß er die Rechte des Staatsbürgers besitzt oder Mitglied einer Kirche ist. Mit solchen Rechtsstellungen sind regelmäßig auch Pflichten verbunden, so für den Eigentümer eine Steuerpflicht oder die Pflicht, vor seinem Hause für einen sauberen und ggf. eis- und schneefreien Bürgersteig zu sorgen u. a. m. Diese Rechtsfähigkeit tritt mit der Vollendung der Geburt, d. h. mit dem Austritt des Kindes aus dem Mutterleib ein: Sie ist also mit dem Leben des Menschen gegeben und hängt nicht sonst von einer „Fähigkeit" ab. Erst mit dem Tode endet sie.

Damit jedoch, daß jemand als rechtsfähig Rechte hat und Pflichten erfüllen muß, ist noch nicht gesagt, daß er nun auch in der Lage ist, dies alles selbständig und in eigener Verantwortung zu tun. Es ist uns natürlich und selbstverständlich, daß das kleine Kind hier auf seine Eltern angewiesen ist. Es kann nicht selbst seine Pflichten etwa als Hauseigentümer erfüllen oder sein Eigentum gegenüber anderen oder vor Behörden geltend machen. Es braucht seine Eltern, die es im Rechtsverkehr vertreten. Da nach dem Grundgesetz der Bundesrepublik Deutschland (Artikel 6) „Pflege und Erziehung der Kinder das natürliche Recht der Eltern und die zuvörderst ihnen obliegende Pflicht" ist, sind auch die Eltern — und zwar Vater und Mutter zusammen und gleichberechtigt — von Gesetzes wegen die Vertreter ihrer **geschäftsunfähigen Kinder.** Das Bürgerliche Gesetzbuch (BGB), das den Rechtsverkehr zwischen den einzelnen Bürgern regelt, geht davon aus, daß das Kind bis zur Vollendung seines 7. Lebensjahres geschäftsunfähig ist, also rechtlich wirksam überhaupt nicht handeln kann: seine eigenen Erklärungen wären „nichtig", d. h. ungültig. Hier können nur die Eltern in der Wahrnehmung der Rechte und in der Erfüllung der Pflichten für das Kind handeln; sie allein können für das Kind Verträge eingehen und Verbindlichkeiten erledigen.

Hat das Kind das 8. Lebensjahr erreicht, so wird es nach dem Gesetz bis zur Volljährigkeit, nämlich der Vollendung des 18. Lebensjahrs, als **beschränkt geschäftsfähig** angesehen. Das bedeutet: Es kann auch jetzt grundsätzlich noch nicht selbständig und in eigener Verantwortung am Rechtsverkehr teilnehmen, sondern bleibt auf die gesetzliche Vertretung durch seine Eltern angewiesen. Wenn aber das Gesetz davon ausgeht, die Geschäftsfähigkeit eines jungen Menschen zwischen dem 7. und dem 18. Geburtstag sei (nur) beschränkt, so muß also eine gewisse Geschäftsfähigkeit anerkannt sein. Tatsächlich kann ein junger Mensch diesen Alters etwa ein Geschenk rechtsgültig annehmen, ohne an die Zustimmung der Eltern gebunden zu sein (mit dem Geschenk dürfen nur nicht Pflichten verknüpft sein). Der so noch Minderjährige („Unmündige") kann auch zunächst eine rechtlich bedeutsame Erklärung gegenüber einem anderen abgeben oder mit ihm einen Vertrag vereinbaren, ohne daß seine Eltern mitwirken: Nur hängt die Wirksamkeit davon ab, daß (nachträglich) die Eltern einwilligen; aber hier können z. B. die Eltern den Sohn oder die Tochter allmählich in Entscheidung und Verantwortlichkeit hineinwachsen lassen. Hat das minderjährige Kind sein Taschengeld oder hat es aus beruflicher Tätigkeit eigenen Verdienst, so kann es mit dessen Hilfe (als seinem „Vermögen", mit dem es etwas „vermag") Verpflichtungen in eigener Verantwortung eingehen und Rechte erwerben, ja, es kann innerhalb eines ihm von den Eltern zugestandenen Arbeitsverhältnisses wirksame Abreden ohne Mitwirkung seiner gesetzlichen Vertreter treffen.

Mit dem 18. Geburtstag ist der junge Mensch — wie es im alten Deutsch hieß — „zu seinen Jahren gekommen"; er ist **volljährig** und damit **mündig**. Was „mündig" sprachlich besagen will, mag hier kurz angedeutet werden. Das alte Hauptwort lautete „munt" und bedeutete soviel wie „Gewalt"; von daher spricht man bis heute von „elterlicher Gewalt" für (nicht über) die Kinder. Erhalten hat sich „munt" einmal in dem Sprichwort von der Morgenstunde, die Gold „im Munde" (also in ihrem Vermögen, ihrer Wirkung) hat, dann aber vor allem in unserem „Vormund", der vor = für einen anderen die Gewalt und Befugnis hat. „Munt" ist innerhalb der indogermanischen Sprachfamilie dasselbe wie das lateinische „manus" = Hand: Der „Unmündige" also hat sich selbst (noch) nicht in der Hand; er ist einem anderen in die Hand gegeben, der für (,,vor'') ihn eintritt und ihn zu schützen verpflichtet ist. Wer sich aus solchem Schutze und solcher ,,Gewalt'' löst, e-man-zipiert sich.

Dies alles war zu erwähnen, weil sich die Frage nahelegt, inwieweit rechtlich ein Vergleich zwischen heranreifenden, jungen und alternden, in ihren Kräften abnehmenden Menschen möglich ist oder was von den soeben dargestellten Bestimmungen und Gedanken sich auf die **rechtliche Stellung** und die rechtlichen Möglichkeiten **des alternden Menschen** übertragen läßt.

Die **Rechtsfähigkeit,** so sahen wir, ,,beginnt mit der Vollendung der Geburt'' (§ 1 BGB). Dieser Zeitpunkt läßt sich eindeutig feststellen: Das lebende Kind muß den Mutterleib vollständig verlassen haben; es braucht nicht — wie im alten deutschen Recht — ,,die Wände zu beschreien'', und die Nabelschnur braucht nicht getrennt zu sein. Um den Zeitpunkt des Todes, in dem die Rechtsfähigkeit endet, mag es wissenschaftliche Kontroversen und im Einzelfall Zweifel geben; sie sollen uns hier nicht beschäftigen. Entscheidend ist, daß es nur eine, und zwar eine stets uneingeschränkte Rechtsfähigkeit gibt. Fähigkeiten eines alten Menschen mögen noch so weit ,,abgebaut'' sein — seine Rechtsfähigkeit behält er unvermindert. Das bedeutet z. B.: Er ist nach wie vor Eigentümer mit allen Rechten und Pflichten, und seine Stellung als Staatsbürger ist grundsätzlich unangetastet; vor allem aber: er hat wie jeder Mensch seine ungeschmälerten Grundrechte z.B. auf Leben, Gesundheit, Freiheit, Gewissensentscheidung, freie Entfaltung der Persönlichkeit usw. Nur wo sein eigener Schutz es verlangt und nur wo das Gesetz es ausdrücklich zuläßt, darf in solche Rechte eingegriffen werden; darauf wird noch zurückzukommen sein.

Für den heranwachsenden Menschen gelten Altersstufen, mit denen er zunehmend am Rechtsverkehr als ,,geschäftsfähig'' teilnehmen kann — die Vollendung des 7. und diejenige des 18. Lebensjahres. Man kann in diesem Zusammenhang auch die ,,Religionsmündigkeit'' nennen, die mit der Vollendung des 12., vor allem aber des 14. Lebensjahres in dem Sinne gegeben ist, daß der junge Mensch selbständig seine religiöse bzw. kirchliche Entscheidung treffen darf. Für den alternden Menschen jedoch gibt es keine gesetzlich auf bestimmte Lebensdaten festgelegte Grenzen für eine **Abnahme der ,,Geschäftsfähigkeit''** oder anderer Möglichkeiten rechtlichen Handelns. Grundsätzlich bleibt auch der alternde

Mensch bis zu seinem Tode (voll) geschäftsfähig. Die einzige Altersgrenze, die für ihn gilt, ist eben die sog. „Altersgrenze", an der er in den Ruhestand gehen darf oder muß, also einen Bereich rechtlicher Möglichkeiten aufzugeben hat.

Nun sind aber eben diese Möglichkeiten, am allgemeinen Rechts- und Geschäftsverkehr teilzunehmen, für alte Menschen, wie jedermann weiß, oft **tatsächlich eingeschränkt**, und es stellt sich die Frage nach Hilfen.

2. VOLLMACHT.

Rechtlich die einfachste Hilfe ist, daß man einem alten Menschen einen Weg abnimmt und eine Besorgung oder einen Gang zur Behörde für ihn erledigt. Dann handelt man in einfacher, mündlicher **Vollmacht** des anderen. Holt man für ihn auf dem Postamt Briefmarken oder kauft man für ihn Lebensmittel ein, so bedarf es dafür keiner Förmlichkeiten. Vielleicht empfiehlt es sich hie oder da, einen Zeugen hinzuzuziehen, wenn man Geld von einem alten Menschen in Empfang nimmt oder es ihm abrechnet; oft sind alte und in ihrem Lebensbereich eingeschränkte Menschen vergeßlich oder mißtrauisch oder „bilden sich etwas ein".

In anderen Fällen wird der Geschäftspartner, dem gegenüber jemand einen alten Menschen vertritt, eine schriftliche Vollmacht verlangen. Dann kann es sein, daß er sich mit einfacher Unterschrift des kranken oder behinderten Vollmachtgebers begnügt; es kann aber auch sein, daß er eine „beglaubigte Vollmacht", also verlangt, daß die Unterschrift des Vertretenen beglaubigt ist: In einfachen Fällen genügt vielleicht eine Beglaubigung durch den Heimleiter im Altenheim; sonst aber kann eine eigentliche Beglaubigung nur durch eine „siegelführende Behörde" erfolgen, also etwa die Ortspolizei, den Ortspfarrer oder — in Hessen — durch das Ortsgericht, schließlich in wichtigen Dingen, insbesondere bei Grundstücksgeschäften, durch einen Notar.

3. PFLEGSCHAFT.

In allen diesen Fällen ist der alte oder der behinderte Mensch in Treu und Glauben auf den angewiesen, den er mit seiner Vertretung — sei es für den Augenblick, sei es für eine größere Angelegenheit oder gar auf längere Dauer — betraut; er kann aber niemanden anrufen, der den Bevollmächtigten kontrolliert. Deshalb gibt das BGB die Möglichkeit, einen Vertreter **durch das Gericht** bestellen zu lassen. Hier handelt es sich um die sog. **Gebrechlichkeitspflegschaft**. Dabei kann die Gebrechlichkeit in einer körperlichen Behinderung bei voller geistiger Gesundheit, z. B. einer Lähmung, sie kann auch in geistigen Mängeln bestehen. In jedem Fall wird eine solche Pflegschaft grundsätzlich nur auf **Antrag** oder mit **Zustimmung** des Behinderten eingerichtet: es handelt sich um einen Eingriff in die Freiheit des Patienten, und dieses sein Grundrecht hat unangetastet zu bleiben. So muß dem Gericht (und zwar dem Vormundschaftsrichter) entweder der schriftliche Antrag des Gebrechlichen oder aber seine schriftliche Zustimmung zu der Anregung oder dem Antrage eines anderen (des Ehegatten, des Sohnes, des Heimes) vorliegen; kann der Patient nicht mehr schreiben, muß ihn der Vertreter des Gerichts aufsuchen und zu Protokoll befragen.

Nun bieten natürlich geistig Behinderte die Schwierigkeit, ob von ihnen das Einverständnis zu erreichen ist. Das Gesetz (§ 1910 BGB) eröffnet hier einen Weg, indem es auf die Einwilligung des Patienten dort verzichtet, wo mit ihm „eine Verständigung nicht möglich" ist. Freilich scheint der Wortlaut des Gesetzes es nur auf körperliche Gebrechen, insbesondere darauf abzustellen, daß jemand blind, taub oder stumm ist. Die Praxis jedoch beschränkt sich hierauf nicht, sondern richtet Pflegschaften auch bei geistiger Gebrechlichkeit ein und läßt einen Mangel in der Verständigung nicht nur dort gelten, wo diese aus lediglich körperlichen Gründen — Taubheit, Stummheit usw. — nicht möglich erscheint. Vielmehr bildet die fehlende Möglichkeit zu einer Verständigung im geistigen Sinne praktisch den Hauptanlaß, eine Gebrechlichkeitspflegschaft ohne Einwilligung des Patienten einzurichten. Die Voraussetzung hierfür ist als gegeben anzusehen, wenn der Gebrechliche den Sinn und das Ziel einer Pflegschaft aufzunehmen nicht in der Lage ist. Ob dies bei ihm so ist, bedarf freilich für das Gericht der gutachtlichen Feststellung des Amts- oder eines Facharztes. Im allgemeinen wird der Antrag oder die Anregung zu einer solchen Pflegschaft durch Angehörige, den Bürgermeister oder den Heimleiter an das Gericht gebracht, und dem wird eine Äußerung des Hausarztes beigefügt; das eigentliche Gutachten einzuholen, ist Sache des Gerichts.

Ein nicht seltener Fall ist, daß der Patient nach dem ärztlichen Gutachten Sinn und Ziel der für ihn angeregten Pflegschaft (noch) durchaus versteht, aber seine Zustimmung vielleicht hartnäckig und insoweit
sogar uneinsichtig verweigert: Altersstarrsinn oder angeborener Wider-
spruchsgeist sind nicht mit Geistesschwäche oder -krankheit gleichzu-
setzen; steht sich doch mancher Gesunde selbst im Wege. Hier kann eine
Pflegschaft solange nicht eingerichtet werden, als der „Gebrechliche"
sich nicht unsinnig selbst erheblich schädigt.

Das Gutachten des Arztes, mit dem Patienten sei eine Verständigung
über die Pflegschaft nicht möglich, besagt an sich noch nichts über die
Geschäftsfähigkeit des Gebrechlichen; es zieht eine Entmündigung nicht
notwendig nach sich. Wird freilich die Gebrechlichkeitspflegschaft ausdrücklich „wegen krankhafter Störung der Geistestätigkeit" eingerichtet, so hat dies zur Folge, daß dem Pflegling das aktive und passive
Wahlrecht — in Staat und Kirche — verloren geht, daß er für Schäden,
die er anrichtet, im allgemeinen nicht zur Verantwortung gezogen
werden kann, vor allem aber, daß ein Rechtsgeschäft, das er zu seinem
Nachteil eingegangen ist, unter Hinweis auf die seinerzeitige Feststellung des Gerichts nachträglich für nichtig erklärt werden kann (während inhaltlich unbedenkliche Abmachungen ihre Gültigkeit behalten
können).

Denn — wie gesagt — der Pflegling ist **nicht entmündigt,** sondern nach
wie vor — notfalls bis zum Beweis des Gegenteils — als geschäftsfähig
anzusehen. Daher darf er, wo ihm dies möglich ist, weiterhin selbständig
und verantwortlich handeln. Er ist nicht — wie der in seiner Geschäftsfähigkeit beschränkte Minderjährige — an die Zustimmung seines
Pflegers gebunden, als sei dieser sein gesetzlicher Vertreter. Eine andere
Frage wäre, welche Folgerungen der Pfleger möglicherweise aus wieder-
holten, widersprüchlichen Selbständigkeiten seines Pfleglings ziehen
würde. Umgekehrt ist auch der Pfleger nicht an Zustimmungen seines
Pfleglings gebunden, um für diesen handeln zu können. Freilich wird er
dort, wo es möglich ist, auf ein Einverständnis Wert legen, um das Vertrauen des ihm Anbefohlenen zu behalten, vor allem, um ihm das Be-
wußtsein seiner Freiheit und Selbständigkeit zu bestätigen.

Die **Pflegschaft** nimmt eine Vertretung des Gebrechlichen immer **nur**
begrenzt wahr. Eingerichtet wird sie für einen bestimmt umschriebenen

Wirkungskreis des Pflegers. Am häufigsten erfolgt sie „zur Wahrnehmung der **Vermögensangelegenheiten**", d. h. ganz allgemein zur Verwaltung des Vermögens des Pfleglings. Sie kann auch enger begrenzt werden, z. B. um eine Rentensache für den Gebrechlichen zu klären und notfalls vor dem Sozialgericht durchzufechten. Oder es ist für einen alt gewordenen Bauern, vor allem, wenn er sich im Heim befindet, nötig geworden, sich mit seinen Kindern, insbesondere einem Sohn, wegen der Übernahme des Hofes auseinanderzusetzen. Eine solche Auseinandersetzung kann vielleicht auch allein darin bestehen, daß geklärt werden muß, in welchem Umfange der Sohn verpflichtet ist, zum Unterhalt des Vaters oder der Mutter, etwa gerade für einen Heimaufenthalt, beizutragen (auf diese Frage wird später noch einzugehen sein). Der andere Grund, eine Pflegschaft einzurichten — und hier regelmäßig notwendig ohne Einwilligung des Pfleglings — ist meistens die „**Bestimmung des Aufenthaltsortes**" : Hier geht es darum, daß jemand — zumeist ein alter, geistig abständiger Mensch — seine Häuslichkeit nicht verlassen will, obschon er außerstande ist, sich selbst ordentlich zu pflegen und zu versorgen, und der dadurch mehr und mehr zu verkommen droht; ein Heim ist bereit, ihn aufzunehmen, er aber sträubt sich oder ist garnicht in der Lage, sich zu entschließen und selbständig hinzubegeben. Alsdann wird der Pfleger durch seine Bestellung berechtigt, seinen Pflegling — mithilfe etwa des Roten Kreuzes — in das Heim zu bringen und mit dem Heim die nötigen Abmachungen zu treffen.

Begrenzt ist jede Pflegschaft auch dadurch, daß sie, soweit sie auf den eigenen Antrag des Pfleglings gegründet ist, auf eben auch dessen Antrag wieder **aufzuheben** ist, gleichgültig, ob der ursprünglich mit ihr angestrebte Zweck erreicht ist; gegebenenfalls muß geprüft werden, ob nun im Interesse des Gebrechlichen von Amts wegen einzugreifen ist. Aufzuheben ist die Pflegschaft aber jedenfalls, sobald der Anlaß für ihre Einrichtung fortgefallen, also z. B. die Rentensache geregelt, die Behinderung des Pfleglings behoben ist, der Gebrechliche einen Platz im Heim gefunden hat und für die Zukunft versorgt ist usw.

Hier wäre nun weiteres zur Person des Pflegers und zu seinen Pflichten wie zur Rechtsstellung des Pfleglings gegenüber dem Gericht auszuführen. Doch mag dies zurückgestellt bleiben und zunächst einiges zu dem Rechtsinstitut der Vormundschaft gesagt werden.

4. VORMUNDSCHAFT.

Wir hatten gesehen: Für den „Aufbau" der Mündigkeit des heranwachsenden jungen Menschen gibt es nach den Lebensjahren gesetzlich
festgelegte Stufen; die beschränkte und dann die volle Mündigkeit tritt
mit Erreichen eines im Gesetz benannten Lebensjahres ein, und es bedarf keiner ausdrücklichen gerichtlichen Feststellung. Dagegen: für
einen „**Abbau**" der „**Mündigkeit**"des alternden und in seinen Fähigkeiten schwächer werdenden Menschen gibt es solche festgelegten Lebensdaten nicht — es kann sie auch nicht geben: Unzählige Menschen
bleiben bis zu ihrem Tode voll im Besitz aller ihrer geistigen Kräfte, und
bei anderen geht der Alterungsprozeß in unterschiedlichen Stufen und
in mannigfachen Formen und Folgen vor sich. Deshalb muß das Gesetz
davon ausgehen, daß die „Mündigkeit", d. h. die Geschäftsfähigkeit des
alten Menschen anzunehmen (zu „unterstellen") ist, solange nicht das
Gegenteil feststeht.

Wie aber wird das Gegenteil festgestellt? Es versteht sich von selbst, daß
unter uns nicht der eine vom anderen behaupten kann, dieser sei nicht
mehr geschäftsfähig, also einem unmündigen Kinde gleichzuachten, und
daß niemand eine solche Behauptung als auch für ihn gültig anerkennen
würde. Es reicht auch nicht etwa aus, daß ein ärztliches Attest oder sogar ein fachärztliches Gutachten vorliegt, um einen gealterten Menschen
ein für alle Mal als nunmehr unmündig abzustempeln. Wir hatten oben
gesehen, daß bei einer „krankhaften", vom Arzt festgestellten „Störung
der Geistestätigkeit" das Gericht eine Gebrechlichkeitspflegschaft ein-
richten und hierbei die geistige Beeinträchtigung ausdrücklich als Grund
angeben, dabei also erreichen kann, daß zum Schutze des Patienten dessen rechtliche Handlungsmöglichkeit und Verantwortlichkeit eingeschränkt wird. Zuweilen jedoch reicht dies nicht aus, um die allgemeine
Sicherheit im Rechtsverkehr ebenso wie den persönlichen Schutz des
Kranken zu gewährleisten. Hier muß die Geschäftsfähigkeit des Gebrechlichen für jeden Zweifel eindeutig ein für alle Mal und — wie der
juristische Ausdruck gern gebraucht wird — „für und gegen alle" geklärt werden. Dies kann allein durch richterlichen Spruch (und zwar
nicht nebenbei) erfolgen: Er muß das Fehlen der Geschäftsfähigkeit,
der „Mündigkeit", förmlich feststellen, und dieses Verfahren nennt das
Gesetz „**Entmündigung**"; es nimmt dem jeweils Betroffenen innerhalb

des Rechtsverkehrs seine Mündigkeit im Sinne der Geschäftsfähigkeit.

Das **Verfahren** der Entmündigung unterliegt festen Vorschriften. Grundlage ist ein **Antrag**. Er kann nur von Verwandten oder vom Ehegatten — und von diesem mit ausschließendem Vorrecht vor Verwandten — gestellt werden; freilich ist verständlich, daß diese sich oft nur höchst ungern hierzu bereitfinden, weil sie nicht als „Gegner" etwa des Vaters oder des Bruders auftreten oder weil sie Frieden in der Familie und das Vertrauen des Kranken aufrechterhalten wissen wollen. Berechtigt zu einem Antrag ist deshalb auch die Staatsanwaltschaft. Eingeräumt ist ihr dieses Recht aber auch im Hinblick darauf, daß der Staat einen sicheren Rechtsverkehr gewährleisteten und also das Vertrauen der Bürger rechtfertigen muß, daß kein „Unmündiger" durch Abschließen unwirksamer Geschäfte anderen Schaden zufügt. Kein Antragsrecht steht der Staatsanwaltschaft zu, wenn, ohne daß eine eigentliche geistige Erkrankung vorliegt, die Geschäftsfähigkeit eines Menschen — mindestens zur Zeit — wegen Zeichen der Verschwendung oder wegen Trunksucht oder Rauschgiftsucht in Zweifel gerät (das Gesetz arbeitet noch mit dem medizinisch abgelehnten Begriff „Sucht" und spricht nicht von „Abhängigkeit").

In diesen Fällen bleibt es also dem Ehepartner oder den Verwandten überlassen, ob sie die Initiative ergreifen. Freilich können Vorschriften der Länder den Gemeinden oder „Armenverbänden" die Befugnis einräumen, Anträge zu stellen; im Hinblick auf die Pflicht, gegebenenfalls soziale Leistungen für einen Bedürftigen aufzubringen, erscheint dies berechtigt. Kein Recht zu einem Antrag hat das Heim, in dem ein alter Mensch lebt; dem Träger oder dem Leiter des Heims bleibt nur die Möglichkeit, dem Ehegatten oder den Angehörigen eine Anregung zu geben oder den Amtsarzt aufmerksam zu machen.

Dem Antrag liegt im allgemeinen bereits eine kurze Stellungnahme des Haus- oder des Heimarztes bei. Eröffnet daraufhin das Gericht das Verfahren, holt es selbstverständlich ein ausführliches ärztliches Gutachten ein; dazu kann derjenige, dessen Entmündigung beantragt ist, notfalls in stationäre Beobachtung genommen werden. Nicht nur Zeugen vernimmt das Gericht über das Verhalten, das der zu Entmündigende letzthin an den Tag gelegt hat, sondern er selbst wird — regelmäßig in Gegenwart des Arztes — zu dem Antrag gehört, ganz abgesehen davon, daß der Richter sich ein persönliches Bild verschaffen muß.

So wird das Verfahren sich oft länger hinziehen, als es im recht verstandenen Interesse des doch als krank zu Vermutenden liegen könnte. Deshalb bekommt das Vormundschaftsgericht alsbald davon Nachricht, daß ein Verfahren eingeleitet worden ist, und dieses hat zu prüfen, ob dem zu Entmündigenden ein **vorläufiger Vormund** zu bestellen ist, der ihn in der Zwischenzeit in seinen Angelegenheiten vertritt. Im Verfahren zur Entmündigung jedoch bleibt der Betroffene selbständig: sein Grundrecht auch nur auf rechtliches Gehör— von anderem ganz abgesehen — bleibt unangetastet.

Das Verfahren schließt mit einem ausführlich begründeten **Beschluß**. Er wird dem zu Entmündigenden zugeleitet, und dieser behält das Recht, den Beschluß, wenn er die Entmündigung ausspricht, innerhalb eines Monats durch Klage anzufechten. Anderenfalls wird ihm nun ein Vormund endgültig bestellt (auf einzelne Besonderheiten braucht hier nicht eingegangen zu werden). Ebenso kann später der Entmündigte selbständig oder es kann für ihn sein Vormund oder die Staatsanwaltschaft beantragen, die Entmündigung wieder **aufzuheben** (im Volksmund: ihn wieder zu „bemündigen"), wenn sich ergibt, daß die Geschäftsfähigkeit des Entmündigten, wenn vielleicht auch nicht voll, so aber doch ausreichend sich wieder hergestellt hat oder daß eine einfache Gebrechlichkeitspflegschaft für einen begrenzten Wirkungskreis jetzt ausreicht. Hieraus erklärt sich auch, daß das Verfahren zur Entmündigung bei Trunksucht oder Rauschgiftsucht ausgesetzt werden kann, wenn „Aussicht besteht, daß der zu Entmündigende sich bessern werde": Freilich sollte man nicht zu große Hoffnungen darauf setzen, daß ein richterliches „Damoklesschwert" für sich allein therapeutische Wirkung ausüben könnte.

Wird die **Entmündigung wegen Geisteskrankheit** ausgesprochen, so ist der Entmündigte als gänzlich **geschäftsunfähig** anzusehen, also einem Kinde unter 7 Jahren gleichzustellen; er kann in keiner Weise rechtlich wirksame Erklärungen abgeben. Wer wegen bloßer **Geistesschwäche** oder wegen Trunk- oder Rauschgiftsucht entmündigt oder wer zunächst unter vorläufige Vormundschaft gestellt ist, behält die **beschränkte Geschäftsfähigkeit** des Kindes zwischen dem 7. und dem 18. Geburtstag,

16

d. h. er kann selbständig Rechte erwerben, sofern mit diesen keine Pflichten verbunden sind, und er kann mit seinem Taschengeld oder seinem Verdienst aus einem mit Einwilligung des Vormunds eingegangenen Arbeitsverhältnis und, soweit der Vormund ihm das Geld beläßt, wirksame Geschäfte abschließen. In allen Fällen verliert der Entmündigte die rechtliche Fähigkeit, ein **Testament** zu errichten, und die Fähigkeit, an einer **Wahl** teilzunehmen oder sich wählen zu lassen.

Ist jemand wegen Geisteskrankheit entmündigt, also für geschäftsunfähig erklärt, so kann er auch nicht **heiraten**. In anderen Fällen — bei Geistesschwäche, Trunksucht, Verschwendung usw. — bleibt der Entmündigte, wie wir sahen, immerhin beschränkt geschäftsfähig, d.h. für die Wirksamkeit einer von ihm abgegebenen rechtlich bedeutsamen Erklärung ist die Einwilligung des Vormunds als seines gesetzlichen Vertreters erforderlich. Anders ausgedrückt: Die Bildung und die Äußerung des Willens, im Grunde die Entscheidung ist zunächst Sache des beschränkt Geschäftsfähigen, und der gesetzliche Vertreter entscheidet sich, ob er „ein-willigt", also in seiner Verantwortung für sein Mündel dasselbe will. So kann auch der durch Entmündigung wegen Geistesschwäche usw. noch beschränkt Geschäftsfähige eine Ehe eingehen, sofern sein Vormund in eben die beabsichtigte (also nicht in überhaupt eine) Eheschließung einwilligt. Verweigert er die Einwilligung „ohne triftigen Grund", wie das Gesetz es ausdrückt, kann der Entmündigte beantragen, daß der Vormundschaftsrichter sie ersetzt. Gleichwohl bleibt das „Ja" vor dem Standesbeamten immer die persönliche Entscheidung des heiratswilligen Entmündigten.

Denn hier wie in den Fällen der Errichtung eines Testaments oder der Stimmabgabe bei einer Wahl kann der Vormund nicht anstelle des Mündels handeln; der **innere Personbereich** , in dem niemand vertretbar ist, ist auch der Zuständigkeit des Vormunds entzogen. Das bezieht sich etwa auch auf Fragen des religiösen Bekenntnisses oder der religiösen Übung (bei der Aufnahme in ein konfessionelles Heim) oder auf den persönlichen Umgang usw. Denn es ist ausdrücklich festzuhalten und recht eigentlich selbstverständlich: Zwar wird dem Entmündigten die Geschäftsfähigkeit abgesprochen, nicht aber die Rechtsfähigkeit. So wie z. B. sein Eigentum und sein Familienstand unberührt bleiben, erleidet der Entmündigte auch keine Beeinträchtigung oder

Einschränkung seiner Grundrechte auf Wahrung der Menschenwürde, auf Leben, Gesundheit, die ihm mögliche freie Entfaltung der Persönlichkeit, Gewissensfreiheit, Schutz und Hilfe der „staatlichen Gemeinschaft" für seine Ehe und seine Familie u. dgl. m. Die **Einwilligung in eine Operation** oder in einen sonstigen ärztlichen Eingriff bietet eine Besonderheit; dazu sei auf Seite 28 verwiesen.

5. Unterbringung in geschlossener Anstalt

Freilich ist nicht jeder Behinderte, zumal nicht der geistig Kranke oder ein in seinen Kräften stark abgebauter altender Mensch in der Lage, seine Rechte, insbesondere seine „unveräußerlichen" Grundrechte auszuüben, und eben deswegen bedarf er der Hilfe und des Schutzes. Gerade der Schutz aber ist oft notwendig mit Einschränkungen verbunden, wie denn ja die Entmündigung die Geschäftsfähigkeit ganz oder zum wesentlichen abspricht. Daß nicht nur ein Gebrechlichkeitspfleger in besonderem Fall, sondern vor allem der Vormund den Aufenthalt des Hilfsbedürftigen notfalls gegen dessen Willen bestimmen darf, stellt einen ganz erheblichen Eingriff in die Freiheitsrechte des alten oder geistig behinderten Menschen dar. Um hier jeden Schutz gegen Mißbrauch oder Voreiligkeit zu gewährleisten, schreibt das Gesetz vor, daß der Aufenthalt in einer geschlossenen Krankenanstalt, z. B. einem Psychiatrischen Krankenhaus, nur mit **Beschluß des Gerichts** bestimmt werden kann.

Hält es also der Gebrechlichkeitspfleger, der zur Bestimmung des Aufenthaltsortes seines Pfleglings bestellt worden ist, oder hält es der Vormund für geboten, seinen kranken Schützling in einer geschlossenen Anstalt unterzubringen, so muß er hierzu vorher — es sei denn, mit dem Aufschub wäre Gefahr insbesondere für den Kranken verbunden — die Genehmigung des Vormundschaftsgerichts einholen. Dieses hört hierzu den Kranken, holt meistens auch ein ärztliches Gutachten ein und ist verpflichtet, auf Grund der Berichte des Pflegers bzw. des Vormundes oder anhand einer von ihm selbst in der Anstalt eingeforderten ärztlichen Auskunft von Zeit zu Zeit zu überprüfen, ob der weitere Aufenthalt noch erforderlich ist.

Hier sei alsbald eingefügt: Ein Ähnliches gilt dort, wo sich die Unterbringung eines Kranken nötig macht, der nicht unter Pflegschaft oder

18

Vormundschaft steht. Besondere Gesetze regeln, unter welchen Voraussetzungen jemand in einer geschlossenen Krankenanstalt untergebracht werden darf, ihm also die **Freiheit entzogen** werden kann. Zulässig ist eine solche Maßnahme nur dort, wo der Kranke sich oder andere gefährdet. Es reicht nicht aus, daß er anderen, in welchem Maße auch immer, (nur) lästig fällt, daß er eine schwer erträgliche Unruhe stiftet, queruliert u.ä.: In manchen Heimen kann es hier durchaus zu erheblichen Belastungen kommen; aber dem muß und kann anders als dadurch begegnet werden, daß der Unbequeme gewissermaßen „hinter Schloß und Riegel" abgeschoben wird. In der Familie allerdings gibt es weniger leichte Lösungen.

Der Regelfall der **Selbstgefährdung** liegt bei dem vor, der eine Lösung von Schwierigkeiten nur noch im Selbstmord sieht und erkennbar unter solchem Zwange steht. Sich selbst gefährdet aber auch, wer in bedrohlicher Weise von Alkohol oder Drogen abhängig geworden ist und sein Leben aufs Spiel setzt. Eine **Gefährdung anderer** kann durch jene Geisteskranken gegeben sein, die Stimmen zu hören und Aufträge zu bekommen wähnen (z. B. andere anzugreifen oder gar zu töten); sie kann aber natürlich auch schon dort vorliegen, wo etwa in einem Krankenhaus oder einem Altenheim jemand durch sein krankes, unruhiges, gestörtes Wesen die Gesundheit ohnehin leidender Menschen erheblich zusätzlich schädigt und bedrohlich beeinträchtigt.

Grundlage für eine Entscheidung des Gerichts, jemand sei in eine geschlossene Krankenanstalt unterzubringen, kann nur ein **Antrag** der „unteren Verwaltungsbehörde" (Bürgermeister, Landrat) sein. An sie also muß man sich wenden, wenn man meint, hier habe die Behörde einzugreifen. Erster Anhaltspunkt für die Entscheidung, einen Antrag zu stellen, wird ein Attest des Haus- oder Heimarztes sein, und die den Antrag stellende Behörde wird in der Regel eine Stellungnahme des Amtsarztes beifügen. Das Gericht muß den Kranken hören, ein fachärztliches Gutachten einholen und den Ehepartner oder einen nächsten Angehörigen beteiligen. Ist eine Entscheidung noch nicht sofort möglich, so kann das Gericht den Kranken **vorläufig,** d. h. auf die Dauer von längstens zwei Monaten **einweisen,** um damit die Möglichkeit zu schaffen, daß auf Grund längerer Beobachtung ein abschließendes Gutachten erstattet wird. Die (endgültige) Unterbringung erfolgt jedenfalls

ohne zeitliche Begrenzung, da ja der weitere Verlauf in dem krankhaften Zustande des Untergebrachten nicht vorauszusehen ist.

Doch ist der Kranke natürlich berechtigt, jederzeit eine **Überprüfung**
zu verlangen, ob der Beschluß aufrechtzuerhalten ist (auch Angehörige können es anregen), und das Gericht ist verpflichtet, mindestens
alle zwei Jahre von sich aus diese Überprüfung vorzunehmen. Davon unabhängig kann das Krankenhaus den Patienten beurlauben, um ihm Gelegenheit zu bieten, sich in Freiheit zu bewegen und zu bewähren; „ver-
sagt" er, so kann er auf Grund des fortbestehenden Gerichtsbeschlusses
jederzeit wieder in die Anstalt gebracht werden.

Ein **Sonderfall**, der freilich nicht selten vorliegt, ist gegeben, wenn die
Unterbringung derart drängt, daß ein förmlicher Antrag, ein ärztliches
Gutachten oder der Beschluß z.b. nachts oder über einen Feiertag nicht
rechtzeitig zu erreichen ist. Dann kann die **Polizei** — im Rahmen ihrer
Pflicht zur „Gefahrenabwehr" — laut ausdrücklicher gesetzlicher Bestimmung den Kranken unmittelbar in das Psychiatrische Krankenhaus
bringen, dessen Pflicht es dann ist, innerhalb 24 Stunden einen Beschluß des für die Anstalt zuständigen Gerichts zu erwirken.

6. Gemeinsames zu Pflegschaft und Vormundschaft

Mit dieser Bemerkung ergibt sich zugleich Anlaß, auf folgendes hinzuweisen: **Zuständiges Vormundschaftsgericht** für einen alten oder behinderten Menschen ist grundsätzlich dasjenige seines Wohnortes, d. h.
es bleibt auch zuständig, wenn das Heim oder das Krankenhaus, in das
er aufgenommen wird, in einem anderen Bezirk liegt: Dort erhält der
Heimbewohner oder Patient seinen — vielleicht nur zeitweiligen — Auf-
enthaltsort. Ihn mag er wiederholt wechseln müssen, und es ist im allgemeinen mißlich, wenn damit jedes Mal auch die Zuständigkeit (und die
Fall-Kenntnis) des Vormundschaftsgerichtes wechseln müßte. Selbstverständlich kann die Vormundschaft an das für den nunmehrigen Auf-
enthaltsort oder gar 2. Wohnsitz des Pfleglings oder Mündels zuständige
Gericht abgegeben werden, wenn dadurch dem Interesse des Schutzbefohlenen besser gedient werden kann. Ähnliches gilt für die Person des
Pflegers oder des Vormundes selbst: Er braucht sein Amt nicht deswegen an jemand anderen abzugeben, weil er mit seinem Pflegling oder
Mündel nicht mehr an demselben Ort wohnt; aber auch hier ist zu
prüfen, was von der Aufgabe des Pflegers oder Vormundes her geboten
ist.

Was nun überhaupt gleichermaßen für **Person und Amt des Pflegers wie des Vormundes** gilt, ist folgendes: Der Hilfsbedürftige kann selbstverständlich jemanden zu seinem Pfleger oder Vormund vorschlagen (hier ist ja stets nur von volljährigen, alternden oder behinderten Menschen die Rede). Tut er dies nicht oder kann er es nicht, so soll das Gericht zunächst Verwandte oder Verschwägerte berücksichtigen. Hierbei wird es freilich darauf zu achten haben, ob der alte Mensch mit seinen nächsten Angehörigen nicht gerade in Spannungen lebt, ob eine sachwidrige Beeinflussung des alten Menschen durch seine Angehörigen vorliegen könnte oder ob nicht ein naher Verwandter im Blick auf eigene Interessen, z. B. wegen Vermögensfragen, in Pflichtenkollisionen geraten könnte. In jedem Falle jedoch — ob der alte Mensch selbst jemanden vorschlägt, ob ein Angehöriger in Frage kommt oder ob ein Fremder bestellt werden soll — ist es Aufgabe des (bei der Stadt- oder Kreisverwaltung bestehenden) Jugendamtes, dem Gericht den **geeigneten Pfleger oder Vormund** vorzuschlagen oder ihm mitzuteilen, ob die vom Hilfsbedürftigen benannte Person oder der in Betracht gezogene Angehörige für das Amt geeignet ist (Das "Jugend"-Amt ist also dem Gericht nicht nur in Jugendsachen zur Amtshilfe verpflichtet; es ist Nachfolger des einstmaligen „Gemeinde-Waisenrates"). Soweit die Mitarbeiter des Jugendamtes nicht selbst Feststellungen treffen können, wird eine Auskunft vom Bürgermeister eingeholt. Das Gesetz bestimmt, daß bei der Auswahl des Pflegers oder Vormundes auf das religiöse Bekenntnis des Pfleglings oder Mündels Rücksicht zu nehmen ist.

„**Jeder Deutsche**" — so heißt es im Gesetz weiter — „hat" das ihm zugedachte **Amt** als Pfleger oder Vormund „**zu übernehmen**". Darin drückt sich das aus, was in der französischen Revolution als „fraternité" proklamiert wurde, was heute „Solidarität" genannt wird und was dem Christen als „Brüderlichkeit" selbstverständlich sein dürfte. Zudem: Wenn der Mensch ein „Gemeinschaftswesen" ist, so bedeutet dies, daß er nicht nur gegen den Mitmenschen einen Anspruch auf Hilfe, sondern ebenso die Pflicht zur Hilfe hat. Diese Pflicht hat allerdings auch nach dem Gesetz ihre Grenze, wo ihre Erfüllung nicht mehr zugemutet werden kann: die Sorge für drei oder mehr Kleinkinder, die Führung schon mehrerer Pfleg- oder Vormundschaften, eigene Krankheit oder Gebrechen, zu weite Entfernung vom Sitz des Vormundschaftsgerichts (also nicht vom Aufenthalt des Mündels usw.), eigenes Alter über 60

Jahren. In allen diesen Fällen **kann** der Vorgeschlagene die Übernahme des Amtes **ablehnen.** Er muß dies als Beamter oder als Pfarrer, wenn er zur Übernahme nicht die Genehmigung seiner vorgesetzten Dienststelle erhalten hat; eine solche Erlaubnis kann aus „wichtigem Grunde" verweigert werden (wobei hier offen bleiben muß, welchen Maßstab die Dienststelle berechtigter Weise an die „Wichtigkeit" anlegt). Lehnt jemand die Übernahme des Amtes unbegründet ab, so kann er sich dem Hilfsbedürftigen gegenüber schadensersatzpflichtig machen, wenn durch sein Verhalten eine dringende Maßnahme unterbleibt, etwa der Abschluß eines günstigen Geschäfts oder die Wahrnehmung einer Frist in der Renten- oder Versicherungsangelegenheit; er kann außerdem vom Gericht durch das Festsetzen von „Zwangsgeld" zur Übernahme „angehalten" werden. Jedoch wird das Gericht immer zu prüfen haben, inwieweit es ratsam ist, dem Hilfsbedürftigen jemanden zum Pfleger oder Vormund zu bestellen, der unwillig ist und der dadurch schlecht Vertrauen gewinnt.

Andererseits wird ebenso sorgsam zu erwägen sein, inwieweit es sich empfiehlt, für einen Heimbewohner einen **Mitarbeiter des Heims zum Vormund** (Pfleger) zu bestellen. Vorgeschlagen wird dies vom Jugendamt gern, insbesondere wenn es sonst schwer fällt, eine andere geeignete Person zu finden. Unbedenklich ist eine Bestellung wohl dort für eine Pflegschaft, wo es sich um eine begrenzte Aufgabe handelt, bei deren Erledigung der Mitarbeiter oder der Träger des Heims nicht in Pflichtenkollision oder in den Verdacht der Eigennützigkeit geraten kann. Einen Vormund jedenfalls sollte man nie aus dem Kreise der Mitarbeiter des Heims nehmen — nicht nur, weil der Verdacht der Befangenheit selten ganz zu vermeiden ist, sondern weil der Vormund den Heimbewohner gerade auch gegenüber dem Heimträger voll und gewissermaßen einseitig vertreten muß. Der Heimbewohner ebenso wie dessen Angehörige muß das Vertrauen behalten können, sein Vormund stehe vorbehaltlos zu ihm. Davon abgesehen, wird der Mitarbeiter immer zu prüfen haben, inwieweit er bei anderen Heimbewohnern den Eindruck erweckt, er bevorzuge diesen einen als seinen Schützling.

Der Vormund (Pfleger) wird vom Gericht mittels Handschlages „zu **treuer und gewissenhafter Führung"** seines Amtes verpflichtet. Er erhält eine Bestallungsurkunde, mit der er die Berechtigung, seinen Schutzbefohlenen zu vertreten, gegenüber jedermann nachweisen kann. Dem Gericht hat er alljährlich über die Führung seines Amtes zu berichten und vor allem über die Verwaltung von Einkünften und Vermögen anhand von Unterlagen Rechenschaft abzulegen. Geld und Wertpapiere müssen in bestimmter Weise angelegt werden, und über sie kann der Vormund (Pfleger) nur mit Genehmigung des Vormundschaftsgerichts verfügen: Ein Sparbuch z. B. wird vom Gericht „gesperrt", so daß Abhebungen nur in der Höhe möglich werden, in der — zu einem vom Vormund (Pfleger) nachgewiesenen Zweck — eine Auszahlung freigegeben wird. Natürlich kann das Gericht auch eine Ermächtigung zu laufenden, etwa wegen des Unterhalts monatlich wiederkehrenden Abhebungen geben. Bestimmte Rechtshandlungen, vor allem solche, die sich auf Grundstücke beziehen, wichtige, mit längeren oder wesentlichen Verpflichtungen verbundene Verträge, die Aufnahme von Kredit und manches andere bedürfen, damit sie wirksam werden, der Genehmigung des Vormundschaftsgerichts. Es wird deswegen im Volksmund gern — aber falsch — als „Obervormund" bezeichnet; denn das Gericht hat nur zu genehmigen, höchstens zu beraten, kann aber niemals anordnen oder anstelle des Vormundes (Pflegers) entscheiden und den Mündel (Pflegling) seinerseits im Rechtsverkehr vertreten.

Wir hatten oben gesehen: Es gibt Gebrechlichkeitspflegschaften für nur körperlich behinderte, aber voll geschäftsfähige Menschen. Aber auch in der Geschäftsfähigkeit beschränkte oder gar geschäftsunfähige (alte) Menschen behalten für ihre persönlichen **Rechte vor Gericht** die volle Fähigkeit, selbständig Anträge zu stellen, Beschwerden vorzubringen oder auch nur Anregungen zu geben. Zwar einen Prozeß — etwa in ihrer Rentenangelegenheit — können sie mangels ausreichender Geschäftsfähigkeit nicht führen (auch weil in einem Rechtsstreit es zugleich um Rechte des Gegners geht, der so oder so Behinderte also nicht allein betroffen ist). Aber das hebt das **Grundrecht** nicht auf, vor Gericht **Gehör** zu finden. So ist es durchaus möglich, daß auf Bitten des Pfleglings oder des Mündels der Pfleger oder der Vormund abgelöst und durch einen anderen ersetzt wird, wenn dies begründet erscheint; der Pflegling (Mündel) kann jederzeit Auskunft über die Rechnungslegung des Pflegers (Vormunds) verlangen. In besonders liegenden Fällen kann der Mündel auch noch dadurch geschützt werden, daß ihm ein Gegenvormund bestellt wird, auf dessen Mitwirkung in wichtigen Dingen der Vormund angewiesen ist.

In diesem Zusammenhang sei auch kurz auf folgendes hingewiesen: Nicht nur der gebrechliche und behinderte (alte) Mensch, sondern jedermann kann sich mit der Bitte um **Auskunft und Rat** an das Gericht wenden. Dieses ist gehalten, über eine Rechtslage oder über rechtliche Möglichkeiten und Befugnisse Hinweise zu geben. Es darf dabei freilich nicht Partei ergreifen und etwa den Fragenden beraten, wie er einen Prozeß zweckmäßig „aufziehe"; aber es hat dem Ratsuchenden die Kenntnisse zu ermöglichen, die ihn in Stand setzen, sein Recht im Rahmen der gesetzlichen Gegebenheiten sachgerecht geltend zu machen. Dabei wäre das Gericht notfalls auch verpflichtet, einen Gebrechlichen oder Behinderten in dessen Hause oder im Heim aufzusuchen. Eine solche Beratung durch das Gericht ist kostenlos; aber sie kann natürlich nur in engen Grenzen gewährt werden.

An den Schluß dieses Abschnitts gehört noch eine Bemerkung. Es ist sicherlich leicht einzusehen, daß das Verfahren der Entmündigung, das der Bestellung eines Vormundes für einen alten Menschen vorausgehen muß, nicht nur seine manchmal im Voraus nicht abzusehende Zeit benötigt, sondern vor allem, daß es für den alten Menschen, möglicherweise auch für seine Angehörigen, eine erhebliche seelische Belastung darstellen kann. Zudem ist die Entmündigung wegen Verschwendung oder wegen Trunksucht zum Schutze gutgläubiger Geschäftspartner u. a. in der Tagespresse öffentlich bekannt zu machen. Hier gilt nun in unserem Rechtsleben überall dort, wo in Rechte einzelner Personen eingegriffen werden muß, der **Grundsatz der „Verhältnismäßigkeit** (der Mittel)", d. h. die Maßnahme, die ergriffen wird, darf nicht ausser Verhältnis zu dem stehen, was notwendig erreicht werden muß. Es wird also angesichts eines nicht mehr (voll) geschäftsfähigen Menschen stets zu prüfen sein, ob und etwa wie lange man ihm noch mit der Gebrechlichkeitspflegschaft helfen und ihm also das Verfahren einer Entmündigung ersparen kann. Das wird immer dann gelten, wenn der geistige Abbau des alten Menschen so weit fortgeschritten ist, daß keine Gefahr (mehr) besteht, er werde durch unsinnige Geschäfte sich selbst

— oder andere — schädigen, etwa weil alle Gelddinge längst aus seinem Horizont geraten sind. Die Entmündigung wird also nur im äußersten Fall, wenn der Hilfsbedürftige anders nicht zu schützen ist, durchgeführt.

II. SCHULD UND HAFTUNG

1. Pflicht zum Schadensersatz?

Vormundschaft und Pflegschaft werden im allgemeinen — und mit Recht — in erster Linie unter dem Gesichtspunkt gesehen, die Rechte und die mit diesen Rechten verbundenen Pflichten eines Behinderten oder Gebrechlichen zu wahren. Dabei wird dann etwa an das Eigentum eines Mündels oder Pfleglings, an seine Rente, seine Unterbringung im Heim, an die Pflicht, Steuern zu entrichten, für die Instandhaltung seines Hauses zu sorgen u. dgl. m. gedacht. Gelegentlich stellt sich wohl auch die Frage, inwieweit ein, vor allem geistig Gebrechlicher **für Schaden einzustehen** hat, den er anrichtet: Gelten hier auch die Grenzen der Geschäftsfähigkeit?

Oft liest man als Warnung: „Eltern haften für ihre Kinder." Das ist nur bedingt richtig. Sie haften — nämlich: mit ihrem eigenen Vermögen und selbst als Schuldner — nur dann, wenn sie ihre Pflicht zur Aufsicht über ihr Kind vernachlässigt und es dadurch ermöglicht haben, daß das unbeaufsichtigte Kind Schaden anrichtete; aber sie haften natürlich nicht persönlich, wenn z. B. der Achtjährige auf dem Schulweg etwas „anstellt" oder gar in der Schule etwas anrichtet. In einem solchen Falle ist zu fragen, ob das Kind selbst haftbar zu machen ist, und dann müssen die Eltern als dessen gesetzliche Vertreter mit dessen Vermögen eintreten — so lange, bis das mündig gewordene Kind aus Eigenem für den Schaden eintreten kann (dabei kann es möglicherweise noch an 30 Jahre nach der von ihm verschuldeten Schädigung aus einem Urteil belangt werden).

Auch der **Vormund haftet selbst** für einen Schaden, den sein Mündel anrichtet, nur in den eben angedeuteten Grenzen, d.h. wenn er eine ihm obliegende und zumutbare Aufsichtspflicht vernachlässigt hat. Im übrigen wird immer zu prüfen sein, ob der **Mündel persönlich haftbar** zu machen ist. Die Lage des Gebrechlichkeitspflegers für einen nicht (voll) geschäftsfähigen Behinderten oder Gebrechlichen ist im Rahmen seines Wirkungskreises dieselbe. Im Tatsächlichen schwierig kann es für den Träger (Leiter) eines Heimes für alte Menschen werden. Der Charakter des Heimes, der Inhalt des Vertrages, die tatsächlichen, insbesondere die personellen Möglichkeiten und die zumutbaren Alternativen werden hier von Fall zu Fall den Maßstab abgeben müssen.

Inwieweit aber kann ein alter Mensch, der geistig beeinträchtigt ist, verpflichtet sein, einen von ihm verursachten Schaden wieder gut zu machen (es geht hier also nicht um die Frage, inwieweit er bestraft werden könnte)? Kein Zweifel kann sein, daß jemand, der bewußtlos ist, z. B. in bestimmten Krampfanfällen, und einen anderen schlägt oder ihm etwas entreißt, nicht wegen Körperverletzung usw. zur Rechenschaft zu ziehen ist und Ersatz leisten muß. Dasselbe gilt für jeden, der geistig so krankhaft gestört ist, daß bei ihm jede **freie Bestimmung seines Willens** ausgeschlossen ist. Insofern stellt das Gesetz ihn dem noch nicht siebenjährigen und noch geschäfts (bzw. „delikts"—) unfähigen Kinde gleich. Es sieht aber davon ab, nun die nur Geistesschwachen oder die wegen Trunksucht, Verschwendung usw. Entmündigten den beschränkt geschäftsfähigen Minderjährigen gleichzustellen und — wie für diese ausdrücklich — zu bestimmen, es komme darauf an, ob sie „bei der Begehung der schädigenden Handlung die **zur Erkenntnis der Verantwortlichkeit erforderliche Einsicht**" — wir fügen hinzu: **schon** — gehabt haben; lediglich für die Taubstummen trifft das Gesetz diese Regelung gleichfalls.

So wird es von Fall zu Fall zu entscheiden sein, inwieweit der alte Mensch **noch** in der Lage ist, einsichtig und frei seinen Willen zu bestimmen und — wie es das Gesetz an anderer Stelle formuliert — „die im Verkehr (gemeint ist: im Rechtsverkehr) **erforderliche Sorgfalt**" aufzubringen: Es geht auch hier nicht um Fragen des Aufbaus der (heranwachsenden), sondern des Abbaus der (alternden) Persönlichkeit.

2. STRAFRECHTLICHE FRAGEN

Aber natürlich kann sich auch die Frage stellen, inwieweit ein alter Mensch sich einem **Strafverfahren** aussetzt, wenn er Unrecht begeht. Hier ist etwa an Diebstahlshandlungen, sexuelle Vergehen an Kindern, Tätlichkeiten oder Verleumdungen und Beleidigungen zu denken. **Polizei** und Staatsanwaltschaft sind verpflichtet, einem Diebstahl oder einem sexuellen Deflikt nachzugehen, wenn ihnen derartiges bekannt wird; eine einfache — also nicht mit einer Waffe oder einem sonst gefährlichen Gegenstand begangene — Körperverletzung wird regelmäßig nur auf Antrag des Verletzten verfolgt, und wegen Beleidigungen verweist die Staatsanwaltschaft nahezu ausnahmslos auf den Weg der Privatklage, deretwegen zunächst zum Ziele einer gütlichen Einigung der Schiedsmann anzurufen ist. Aber angesichts eines jeden strafrechtlichen Vorwurfs ist bei alten Menschen deren **Schuldfähigkeit** besonders zu prüfen. Das Strafgesetzbuch versteht hierunter die Fähigkeit des Beschuldigten, „das Unrecht der Tat einzusehen oder nach dieser Einsicht zu handeln". Daß hier bei vielen geistig behinderten oder gealterten Menschen Einschränkungen — etwa durch sklerotische Veränderungen — vorliegen oder gar jede „Fähigkeit" mangelt, ist eine allgemeine Erfahrung. Was noch gegeben ist, kann freilich oft nur ein Sachverständiger beurteilen.

Für den Vormund, Pfleger, Heimleiter usw. wird es darauf ankommen, etwaigen Gefährdungen, denen sein Schützling durch Mängel in seiner Einsichts- oder Handlungsfähigkeit ausgesetzt ist, in geeigneter Weise **vorzubeugen,** also z. B. zu veranlassen, daß nicht andere Sachen für ihn griffbereit liegen lassen, den alten Menschen so unterzubringen, daß er nicht durch andere in seinem reizbaren Wesen aktiviert wird, seinen Umgang mit Kindern zu überwachen und notfalls zu verhindern. Es gilt aber auch, in seiner Umgebung für seine Schwächen um Verständnis zu werben, nicht zuletzt, im Falle strafrechtlicher Verfolgung für ihn und die seinem Zustande verbliebenen Möglichkeiten hilfreich **einzutreten.** Dabei wird auch immer zu prüfen sein, inwieweit man den Verletzten bitten soll, von einer Anzeige abzusehen, weil er selbst von dem alten Menschen keine Genugtuung benötige und weil für eben diesen bei seinem vielleicht schon starken „Abbau" das öffentliche Verfahren eine unverhältnismäßige Belastung darstelle.

Umgekehrt gibt das Gesetz auch dem alten und dem behinderten Menschen **strafrechtlichen Schutz.** Dabei ist hier nicht so sehr an die allgemeinen Bestimmungen über Diebstahl oder Betrug als vielmehr an diejenigen zu denken, die gerade den **Hilfsbedürftigen** im Auge haben. So macht sich etwa strafbar, wer einen „wegen Gebrechlichkeit oder Krankheit Wehrlosen", der seiner „Fürsorge oder Obhut untersteht", roh mißhandelt oder quält oder wer ihn dadurch an der Gesundheit schädigt, daß er seine Pflicht, für diesen Kranken usw. zu sorgen, böswillig vernachlässigt. Gleiches gilt, wenn jemand einen solchen Kranken, der seiner Obhut untersteht oder für dessen Aufnahme er zu sorgen hat, in hilfloser Lage verläßt. Nicht zuletzt ist der „sexuelle Mißbrauch" unter Strafe gestellt, den z.B. innerhalb einer „Anstalt für Kranke oder Hilfsbedürftige"jemand an einem Insassen begeht, der ihm zur Beaufsichtigung oder Betreuung anvertraut ist und dessen Krankheit oder Hilfsbedürftigkeit er für seine Machenschaften ausnutzt. Das alles kann hier im einzelnen nicht näher dargelegt werden. Es ist nur auf die **erhöhte Aufmerksamkeit** des jeweils für den alten oder behinderten Menschen Verantwortlichen um so deutlicher hinzuweisen, als eben der Hilfsbedürftige selbst meist nicht in der Lage oder nicht genügend mutig ist, derlei ihn verletzende Dinge laut werden zu lassen.

Angemerkt sei noch, daß so wie bei Kindern keine untere Altersgrenze es bei alternden Menschen auch keine obere Altersgrenze gibt, als **Zeuge vor Gericht** vernommen zu werden. Das Gericht hat in jedem Falle auf Grund des persönlichen Eindrucks, den es von dem Zeugen gewonnen hat, zu prüfen, welchen objektiven Wahrheitsgehalt und damit welchen Beweiswert es der Aussage beimessen kann. Ein alter Mensch ist also weder nach Lebensjahren noch nach seiner geistigen Verfassung von vornherein als Zeuge ungeeignet oder gar ausgeschlossen. Ebenso hat das Gericht — nach Vorschriften, die im Strafprozeß andere sind als in sonstigen gerichtlichen Verfahren — zu prüfen, ob es einen alten, vielleicht gebrechlichen Menschen als Zeugen vereidigt. Dies alles schließt nicht aus, daß im besonderen Fall der für den Gebrechlichen Verantwortliche vor dem Termin mit dem Gericht Verbindung aufnimmt, sei es um klären zu lassen, ob die für seinen Schützling mit Aufregung verbundene Vernehmung entbehrlich sein könnte, sei es, um auf besondere Schwierigkeiten, z. B. ein Herzleiden, Sprachstörungen, hinzuweisen.

3. Einwilligung in ärztlichen Eingriff

Es ist nun noch auf eine Regelung unseres Strafrechts einzugehen, die manchem als Kuriosität erscheinen mag; sie hat aber ihre Begründung in unserer Verfassung. Das Grundgesetz der Bundesrepublik rechnet das **Recht auf „körperliche Unversehrtheit"** unter die Grundrechte des

Menschen. Ein „Versehren" des Körpers ist daher als Körperverletzung solange Unrecht, als nicht eine Rechtfertigung gegeben ist: Diese aber kann nur in der Einwilligung des „Verletzten" liegen, da allein er über seinen Körper zu bestimmen hat. Daher bleibt ein ärztlicher Eingriff, insbesondere eine Operation, solange eine rechtswidrige Körperverletzung, als nicht der Patient in den Eingriff eingewilligt hat.

Für gewöhnlich braucht eine Einwilligung in die ärztliche Maßnahme nicht ausdrücklich gegeben zu werden; sie ergibt sich im allgemeinen aus den Umständen, vor allem daraus, daß man sich dem Arzt anvertraut (sich „ihm in die Hand gibt") und sich der Behandlung unterzieht. Wo sich nach der Meinung des Arztes **verschiedene Möglichkeiten der Behandlung** anbieten, insbesondere als Alternative eine Operation, kann der Patient sich nur entscheiden, wenn er über die Möglichkeiten eines Erfolgs nach der einen oder der anderen Maßnahme und dazu über die Risiken aufgeklärt ist, die mit dem jeweiligen Eingriff — oder seinem Unterbleiben — verbunden sind oder zumindest nicht ausgeschlossen werden können. Deshalb geht das Recht — sowohl der strafrechtlichen Verantwortlichkeit wie das der Ersatzpflicht für etwa eingetretene Schäden — davon aus, ob die Einwilligung des Patienten sich auf eine **ausreichende Aufklärung** hat stützen können. Daß dies im einzelnen Fall zu schwierigen Sachfragen und Rechtsproblemen führen kann, bedarf sicherlich keiner näheren Schilderung.

Hier geht es um die Lage alter Menschen. Die Einwilligung ist eine rechtlich erhebliche Erklärung, die den Eingriff des Arztes rechtfertigt und ihn vor strafrechtlichen Vorwürfen und vor einer Ersatzpflicht schützen soll. Also kann eine solche Erklärung nur abgeben, wer rechtlich hierzu in der Lage ist. Wer unter Pflegschaft steht, aber unverändert **geschäftsfähig** ist, kann **nur selbst einwilligen**. Der **Pfleger** wäre nur dann zu einer Erklärung befugt, wenn er eigens wegen dieser Aufgabe — wie es z. B. bei einer Sterilisation in Betracht kommen könnte — bestellt worden wäre; aber auch dann wird er versuchen, mit seinem Pflegling eine Verständigung herbeizuführen, ohne freilich auf diesen die Verantwortung abwälzen zu können. Andererseits braucht für die Wirksamkeit einer Einwilligung der Patient **nicht voll geschäftsfähig** zu sein; auch wer in der Geschäftsfähigkeit beschränkt — und etwa deswegen entmündigt — ist, kann wirksam einwilligen, wenn er — wie es der

Bundesgerichtshof formuliert hat — über die „**erforderliche Einsichts-fähigkeit und natürliche Urteilskraft**" verfügt. Hier setzt sich das im Grundgesetz anerkannte Menschenrecht durch, das wahrzunehmen nicht an die sonst geforderte (volle) Geschäftsfähigkeit gebunden zu sein braucht. Wann aber die Voraussetzungen für eine ausreichende Einwilligung vorliegen, wird bei manchem (beschränkten) Patienten nicht leicht festzustellen sein.

Für den als **geschäftsunfähig** Entmündigten kann allein der **Vormund** die Einwilligung erklären. Auch er ist darauf angewiesen, daß der Arzt ihn über das Wesen, die Bedeutung und die Tragweite des Eingriffs mindestens in den Grundzügen aufklärt; bis ins einzelne brauchen die Angaben nicht zu gehen. Ein Darlegen der möglichen Folgen muß jedenfalls das nach allgemeiner Erfahrung und menschlichem Ermessen Mögliche darstellen, braucht aber nicht an Außergewöhnliches zu denken. Auch hier gibt es keine gesetzliche Regelung, und es wird häufig genug für jeden einzelnen Fall verschieden liegen. Immerhin wird der Vormund mehr und Genaueres verlangen dürfen, als etwa einem Patienten zugemutet wird, bei dem der Arzt aus seiner Verantwortung sehr wohl prüfen muß, was er mit dem Ziele der Heilung sagen darf.

Daß der Arzt, wenn **Gefahr im Verzuge** liegt oder der Patient, z.B. nach einem Unfall, bewußtlos ist, nicht auf eine Einwilligung zu warten braucht, versteht sich von selbst.

Die Beziehungen zwischen Arzt und Patient sind immer stärker unter den Schutz des Rechts gestellt worden. Andererseits meinen viele Patienten, gewisse Risiken auf den Arzt abwälzen zu können. Dadurch ist dieses Rechtsgebiet zunehmend kompliziert worden, und für jemanden, der für einen alten Menschen Verantwortung trägt, empfiehlt es sich daher, im Zweifelsfall möglichst einen Rat einzuholen.

4. Teilnahme am Straßenverkehr

Das Gebiet, auf dem am ehesten eine Ersatzpflicht alter oder behinderter Menschen eintreten kann, ist der Straßenverkehr. Man kann wohl einem Kraftfahrer die Fahrerlaubnis entziehen und ihn dadurch vom motorisierten Verkehr ausschließen; aber es gibt keine rechtliche

Möglichkeit, jemanden als Verkehrsteilnehmer überhaupt von der Straße zu „verbannen". Es gehört zu den unaufhebbaren **Grundrechten** gerade in der technisierten Gesellschaft, am Straßenverkehr als einem Mittel nicht nur freier Bewegung, sondern auch der Gemeinschaft und des Austausches **teilzuhaben**. Nur wo nach gesetzlichen Vorschriften jemandem die Bewegungsfreiheit überhaupt zu entziehen ist, weil er sonst sich oder andere gefährdete, wird er auch der Straße ferngehalten.

Für den rechten Gebrauch dieser Freiheit ist nun aber jeder zunächst selbst **verantwortlich** und er hat dabei darauf Rücksicht zu nehmen, daß der Straßenverkehr Partnerschaft mit anderen notwendig einschließt. Deshalb schreibt das Gesetz vor, daß derjenige, der sich wegen körperlicher oder geistiger Mängel nicht sicher im Verkehr bewegen kann, dafür **Vorsorge** zu treffen hat, daß er andere nicht gefährdet. Je nach den Umständen bestimmt es sich, was als Vorsorge hier in Betracht kommt. Zu denken ist an die Begleitung durch eine andere Person, an Armbinden und an Blindenstock, an einen Blindenhund usw. Hier ist es wichtig, daß der Behinderte auf entsprechende Hilfsmittel Anspruch auch nach dem Bundessozialhilfegesetz (BSHG) hat; darauf ist noch zurückzukommen.

Ein wichtiges und immer häufiger anzutreffendes Hilfsmittel ist der **Krankenfahrstuhl**. Wo er motorisiert ist, unterliegt er den Vorschriften für Kraftfahrzeuge, vor allem, was die Beleuchtung und die Bremsanlage angeht. Erreicht der Fahrer mit dem Stuhl keine höhere Geschwindigkeit als 10 km/h, so benötigt er keine Fahrerlaubnis (der Klasse 4 oder 5). In Schrittgeschwindigkeit darf er Gehsteige und Seitenstreifen befahren. In jedem Fall hat er die Bestimmungen der Straßenverkehrsordnung zu beachten und kann für sich keine Vorrechte beanspruchen. Hier ergibt sich häufig genug Anlaß, die **Verantwortlichkeit des Vormundes** oder, falls sein Wirkungskreis dies umfaßt, des Pflegers oder aber auch des Heimträgers oder **Heimleiters** anzusprechen. Denn auch wo keine gerichtlich übertragene, förmliche Verantwortung begründet ist, besteht doch z. B. gegenüber dem Heimbewohner eine Fürsorgepflicht und mit ihr bis zu einem gewissen Grade ein Recht zur Aufsicht. Angesichts nicht voll verkehrstüchtiger, vor allem behinderter Kinder erwähnt die Straßenverkehrsordnung ausdrücklich die Pflicht der Erziehungsberechtigten, für einen Ausgleich des Mangels zu sorgen. So

werden Vormund oder Pfleger, aber ggf. auch der im Heim Verantwortliche die Verkehrstüchtigkeit eines Krankenfahrstuhls zu überprüfen
und den Behinderten anzuhalten haben, Mängel abstellen zu lassen.
Selbstverständlich ist die Entscheidung schwierig, ob und inwieweit
einem derart Behinderten eine uneinsichtige und verantwortungslose
Teilnahme am Straßenverkehr unmöglich gemacht werden darf. Notfalls ist der Träger der Sozialhilfe, der den Fahrstuhl zur Verfügung gestellt hat, darauf hinzuweisen, daß diese Hilfe angesichts des Verhaltens
des Behinderten ungeeignet ist; in anderen Fällen wäre an eine Entscheidung des Gerichts zu denken. Jedenfalls werden Vormund, Pfleger
oder Heimleiter damit rechnen müssen, ihrerseits zur Verantwortung gezogen zu werden, wenn ein geistig oder körperlich Behinderter im Verkehr Schaden anrichtet, der bei gehöriger und zumutbarer Aufsicht
durch den Vormund oder einen anderen verantwortlich hätte verhütet
werden können.

Pflichten im Straßenverkehr werden in der Regel unabsichtlich, also
fahrlässig verletzt, d. h. aus Unbedacht, Unaufmerksamkeit usw. Wenn
das Gesetz, wie wir sahen, ein Handeln ganz allgemein dort als fahrlässig bezeichnet, wo jemand die im (rechtlichen) Verkehr erforderliche Sorgfalt außer Acht läßt, so gilt dies für den Straßenverkehr in
besonders eindrücklichem Sinn. Ein Vorwurf aber gegenüber einem
alten oder einem behinderten Menschen wird immer davon auszugehen
haben, **welches Maß an Sorgfalt** von ihm (noch) erwartet werden kann
und also erwartet werden muß. Danach wird dann zu bemessen sein,
ob und in welchem Umfang er selbst für einen Schaden eintreten muß,
den er angerichtet hat. Ob er zudem strafrechtlich zur Verantwortung
gezogen wird, hängt, wie wir oben Seite 27 sahen, davon ab, was ihm
im Rahmen seiner „Schuldfähigkeit" (noch) zugerechnet werden kann.
Im übrigen: Ist ihm nur eine einfache Ordnungswidrigkeit gegen Vorschriften des Straßenverkehrs vorzuwerfen, wird er mit einem Bußgeld
davonkommen; muß ihm der Vorwurf z. B. der fahrlässigen Körperverletzung eines anderen gemacht werden, hat er mit einem förmlichen
Strafverfahren zu rechnen.

III. UNTERHALTSRECHT

„Ein Vater ernährt wohl sieben Kinder, aber sieben Kinder nicht einen
Vater" oder „Wer seinen Kindern gibet Brot und leidet nachher selber
Not, den schlag' man mit der Keule tot!" sind wohl solche Sprüche, die
manche Bitternis eines alten Menschen umschreiben. Selbständig zu
bleiben und nicht die Beine unter der Kinder Tisch stecken zu müssen,
sich nicht „vorzeitig ausziehen" zu brauchen, sind gut gemeinte, weise
Ratschläge. Und wenn man gelegentlich sagt, das Recht fange dort an,
wo die Liebe aufhöre, so ist es in unserem Zusammenhang angebracht,
einiges zu der **gesetzlichen Pflicht** zu sagen, einander Unterhalt zu gewähren. Hinzukommt — darauf ist im Abschnitt IV noch einzugehen —
daß für einen hilfsbedürftigen und notleidenden Menschen die „öffentliche Hand", z. B. das Sozialamt, nur insoweit einspringt, als nicht
eigene Mittel zur Verfügung stehen oder kein Unterhalt von dem hierzu
eigentlich Verpflichteten zu erlangen ist.

Einander zum Unterhalt verpflichtet sind bestimmte **Verwandte.** Miteinander verwandt sind Personen, die durch Geburt verbunden sind —
also Eltern und Kinder, Großeltern und Enkel, Geschwister, Onkel und
Tanten einerseits und Neffen und Nichten andererseits. Nicht miteinander verwandt sind Eheleute und alle diejenigen, die durch eine Heirat
miteinander in Verbindung gekommen sind: Schwiegereltern und
Schwiegerkinder, Verschwägerte untereinander. Wer miteinander ver-
schwägert ist, ist untereinander gesetzlich nicht zum Unterhalt verpflichtet, also z. B. nicht der Ehemann gegenüber seinem Schwager oder
seiner Schwiegermutter und umgekehrt.

Unter den (Bluts-) Verwandten sind aber auch nicht alle wechselseitig
zum Unterhalt verpflichtet, sondern nur diejenigen, die **„in gerader
Linie"** miteinander verwandt sind, nämlich die, bei denen einer vom
anderen abstammt, also: Eltern — Kinder, Großeltern — Enkel usw.
Keine Unterhaltspflicht trifft — nach dem Gesetz! — also Geschwister
untereinander oder einen Onkel gegenüber seinem Neffen; sie sind „in
der Seitenlinie" verwandt. Den (Bluts-) Verwandten gleich stehen
selbstverständlich alle, die durch Annahme als Kind („Adoption") in
ein (neues) Eltern-Kind-Verhältnis aufgenommen worden sind. Innerhalb dieser Verwandtschaft „in gerader Linie" sind in erster Ordnung

die Abkömmlinge — Kinder und danach hilfsweise Enkel — zum Unterhalt der Eltern bzw. Großeltern verpflichtet. Sind Abkömmlinge nicht vorhanden, müssen die Verwandten der „aufsteigenden Linie", also Eltern und danach hilfsweise Großeltern, eintreten. Jeweils hie unter den Abkömmlingen, notfalls dort unter den Eltern bzw. Großeltern, haften diejenigen, die dem Bedürftigen in der Generation näher stehen, vor den entfernteren (z. B. der Sohn vor dem Kind der verstorbenen Tochter); sind mehrere Kinder oder beide Eltern bzw. Großeltern gleichermaßen unterhaltspflichtig, haften sie „anteilig nach ihren Erwerbs- und Vermögensverhältnissen", also unterschiedlich je nach ihren Kräften.

Dem gegenüber nimmt der **Ehegatte** des Hilfsbedürftigen seine besondere Stellung ein. Er hat vor allen Verwandten seinem Partner Unterhalt zu leisten (mit ihm ist er „ein Fleisch"). Denn „die Ehegatten sind zur ehelichen Lebensgemeinschaft verpflichtet", erklärt das Gesetz, und zu dieser Gemeinschaft gehört, daß sie „einander verpflichtet" sind, „durch ihre Arbeit und mit ihrem Vermögen die Familie" — also auch den Partner — „angemessen zu unterhalten". Darin steht niemand anderem ein Vorrang im Recht oder in der Pflicht zu. Die Pflicht besteht unabhängig davon, in welchem Güterstande die Eheleute leben. Sie erlischt auch grundsätzlich nicht mit der Scheidung der Ehe, wenn sie dann auch an engere Bedingungen geknüpft bleibt. Das Gesetz geht davon aus, daß auch nach der Scheidung die Verantwortung der einstmaligen Ehepartner füreinander dort fortwirkt, wo der eine von ihnen auf Hilfe zum Lebensunterhalt angewiesen ist. Dabei macht es — entgegen dem früheren Scheidungsrecht — keinen Unterschied, wer von beiden der Bedürftige ist und ob er oder der andere die Ehe — wie es jetzt heißt — hat „scheitern" lassen: Auch der „schuldige" Teil kann von dem anderen, bei dem eine „Schuld" nicht in Frage kommt, Unterhalt beanspruchen. Voraussetzung ist freilich — und dies dürfte bei alten Menschen häufig genug zutreffen — daß er keine „angemessene Erwerbstätigkeit" gefunden hat, mit deren Hilfe er sich ernähren könnte (dabei kann hier nicht im einzelnen erläutert werden, was denn jeweils als „angemessen" anzusehen wäre). Weitere Gründe, vom früheren Ehepartner Unterhalt verlangen zu dürfen, sind Alter, Krankheit, Gebrechen oder Schwäche der körperlichen oder geistigen Kräfte, die es dem Bedürftigen unmöglich machen, einem Verdienste nachzugehen. Das

kann alles hier ebensowenig näher dargestellt werden wie die umfäng-
lichen Bestimmungen über den Ausgleich von Versorgungsansprüchen
unter den bisherigen Eheleuten.

Das **Recht**, von einem anderen die Gewährung von **Unterhalt** zu verlangen, hat also nur derjenige, der außerstande ist, sich selbst zu unterhalten. Umgekehrt ist zur Leistung von Unterhalt **verpflichtet** nur, wer
unter Berücksichtigung seiner sonstigen Verpflichtungen und, ohne
seinen eigenen angemessenen Unterhalt zu gefährden, im Stande ist,
den Unterhalt zu gewähren. Auch der Unterhalt, den der Bedürftige erhalten soll, hat nach dem Gesetz „angemessen" zu sein: er bestimmt
sich „nach der Lebensstellung" des Berechtigten und umfaßt dessen
ganzen Lebensbedarf. Der Bedürftige kann also weder etwas über seine
Verhältnisse hinaus beanspruchen, wenn er meint, das könne der andere
schon leisten, noch darf er notdürftig abgespeist werden. Jedenfalls gibt
es hier keine ein für alle Mal geltenden Regelsätze, die man wie in einem
Tarif nachlesen könnte, sondern, was zu leisten ist, ist innerhalb der
Möglichkeiten des Verpflichteten wie der Angemessenheit für die
Lebensführung des Berechtigten zu ermitteln; notfalls entscheidet das
Gericht.

Das Gesetz sieht für den Regelfall vor, daß der **Unterhalt** durch Zahlung
einer Geldrente **geleistet** wird. Dahinter steht der Gedanke, daß der
durch seine Bedürftigkeit ohnehin Abhängige immerhin die Freiheit
behalten soll, im übrigen nach Gutdünken zu verfahren, wie es selbstverständlich auch für den Verpflichteten eine Erleichterung sein kann,
nur Geld zahlen, sich aber im übrigen nicht um den Bedürftigen küm-
mern zu müssen. Andererseits versteht es sich unter Eheleuten von
selbst, daß durch die Führung des Haushalts eine Pflicht des Ehepartners zum Unterhalt des anderen erfüllt wird. Ebenso wird die Leistung von Unterhalt häufig in häuslicher Pflege und Fürsorge für ein
behindertes oder altes Familienmitglied bestehen, und im „Altenteil"
rechnen die Gewährung von Wohnung wie etwa auch das Essen am
Tisch zum Unterhalt der „Auszügler". Muß freilich der alte verwitwete
Vater oder die Großmutter ins Heim aufgenommen werden, bleibt
kaum etwas anderes übrig, als den Beitrag, der für den Pflichtigen angemessen ist, in Geld zu entrichten.

Unabhängig von der gesetzlichen allgemeinen Regelung können etwa Eltern und Kinder die Unterhaltspflicht **vertraglich** nach den eigenen Möglichkeiten festlegen oder kann derart auch zwischen Geschwistern oder Verschwägerten — z. B. bei Geschäfts- oder Hofübernahme — eine Unterhaltspflicht begründet werden. Ein solcher Übergabe- oder Ansatz-Vertrag kann für Streitfälle eine gute Sicherung der alten Generation oder eines alternden ledigen Familienmitgliedes geben.

Beim Tode des Verpflichteten erlischt ihm und seinem Erben gegenüber der Anspruch; der Berechtigte muß unter den gesetzlich in näch-ster Linie Verpflichteten prüfen, von wem Unterhalt zu verlangen er nunmehr berechtigt sein könnte. Stirbt der Berechtigte, erledigt sich natürlich der Unterhaltsanspruch. Der bisher Verpflichtete hat aber noch die Kosten der Beerdigung zu tragen, sofern diese nicht bei dem Erben zu erlangen sind.

IV. SOZIALRECHT

1. Allgemeine Bestimmungen des Sozialgesetzbuches

In ihrem Grundgesetz erklärt sich die Bundesrepublik als **Rechtsstaat.** Das bedeutet, daß jeder Bürger befugt und in der Lage sein soll, sein Recht notfalls mit staatlicher Hilfe zu verfolgen, und daß der Staat seinerseits nur innerhalb des von Verfassung und Gesetz gewährten Rahmens in die Rechte der Bürger eingreifen darf. Für das erste mag u.a. das ein Beispiel sein, was zu den Rechten eines körperlich oder geistig Behinderten auch gegenüber den Gerichten gehört, für das andere mögen es die gesetzlichen Vorschriften sein, unter welchen strengen Voraussetzungen eine Entmündigung allein ausgesprochen oder ein Kranker in eine geschlossene Anstalt eingewiesen werden darf. Was die persönliche Rechtsstellung eines jeden im Verhältnis zu anderen Bürgern angeht, so stellt der Staat zwar seine Behörden und Gerichte zur Verfügung, um einen Anspruch gegen einen anderen geltend zu machen und gegebenenfalls vollstrecken zu können; aber er überläßt es dem einzelnen, ob und wie er diese Hilfe in Anspruch nimmt, und betrachtet dies als dessen freie Entscheidung. So bleibt es weithin bei einem freien Spiel der Kräfte.

Aber das Grundgesetz spricht zugleich davon, daß die Bundesrepublik ein sozialer Rechtsstaat, ein „Sozialstaat" ist. Will man an die in der französischen Revolution proklamierten Werte anknüpfen, so lassen sich „Freiheit" und „Gleichheit" ohne Schwierigkeit in den Grundsätzen einer liberalen Demokratie wiedererkennen. „Brüderlichkeit" hingegen ist kein staatsrechtlicher Begriff. Man bemüht sich neuerdings jedoch, von „Solidarität" oder davon zu sprechen, daß jeder Mensch ein Recht auf Teilhabe an den Möglichkeiten eines Lebens in Gemeinschaft besitze. Dem entspricht der Ansatz für die soziale Gesetzgebung. Das „**Sozialgesetzbuch**" (1975 zunächst im Allgemeinen Teil für ein neu zu formulierendes BSHG verabschiedet) hat sich zum Ziel gesetzt, „soziale Gerechtigkeit und soziale Sicherheit" zu verwirklichen, und will dazu beitragen, „ein menschenwürdiges Dasein zu sichern" und dabei „gleiche Voraussetzungen für die freie Entfaltung der Persönlichkeit zu schaffen" sowie „besondere Belastungen des Lebens, auch durch Hilfe zur Selbsthilfe, abzuwenden oder auszugleichen". Es begründet

38

daher für jedermann Ansprüche auf Leistungen (der sog. „Sozialhilfe-
oder Leistungsträger"), die er gegen den Staat oder die Kommunen als
Vertreter der Gemeinschaft erheben kann, um für sich das zu erreichen,
was als im Einzelfall „menschenwürdiges Dasein" anzusehen ist. Daß
dies jeweils an bestimmte Voraussetzungen geknüpft bleibt, versteht
sich und braucht hier nicht im einzelnen dargelegt zu werden. Bedeu-
tungsvoll ist, daß die zuständigen Stellen verpflichtet sind, die Bevölke-
rung über die durch das Gesetz bestimmten Rechte und Pflichten aufzu-
klären, den einzelnen zu beraten und ihm Auskunft zu erteilen und dafür zu sorgen, daß jeder Berechtigte „die ihm zustehenden Sozialleis-
tungen in zeitgemäßer Weise, umfassend und schnell erhält".

Das Gesetz unterscheidet auf den einzelnen Gebieten Leistungen, zu
denen der Träger verpflichtet ist („Muß-Leistungen"), und solche, die
er gewähren kann („Kann-Leistungen"): Für Entscheidungen letzterer
Art hat sich der Träger durch sein pflichtgemäßes Ermessen leiten zu
lassen; dafür gibt das Sozialgesetzbuch als **„Sozialcharta"** die Richt-
schnur, daß „die sozialen Rechte möglichst weitgehend verwirklicht
werden". Es erklärt zugleich, daß dort, wo der Inhalt sozialer Rechte
und Pflichten nach Art und Umfang nicht im einzelnen bestimmt ist,
die persönlichen Verhältnisse des Berechtigten (oder des Verpflichteten), sein Bedarf und seine Leistungsfähigkeit zu berücksichtigen sind
und daß den Wünschen des Berechtigten (bzw. Verpflichteten), soweit
sie angemessen sind, entsprochen werden soll.

Aus dem **Katalog**, den das Sozialgesetzbuch **für soziale Leistungen** auf-
stellt, soll hier nur aufgegriffen werden, was für alte und behinderte
Menschen von Bedeutung ist.. Deshalb sei nur kurz erwähnt, daß im Gesetz vom Recht eines jeden die Rede ist, Zugang zur Sozialversicherung
zu haben, Förderung in Bildung und Arbeit zu erfahren, für eine angemessene Wohnung einen Zuschuß zur Miete zu erhalten u. a. m. Am
wichtigsten ist in unserem Zusammenhang zunächst § 9 des Sozialge-
setzbuchs:

*„Wer nicht in der Lage ist, aus eigenen Kräften seinen Lebensunterhalt
zu bestreiten oder in besonderen Lebenslagen sich selbst zu helfen, und
auch von anderer Seite keine ausreichende Hilfe erhält, hat ein Recht
auf persönliche und wirtschaftliche Hilfe, die seinem besonderen Bedarf*

entspricht, ihn zur Selbsthilfe befähigt, die Teilnahme am Leben in der Gemeinschaft ermöglicht und die Führung eines menschenwürdigen Lebens sichert."

Mit diesen Formulierungen wird — über den nochmaligen sozialstaatlichen Ansatz des Gesetzes hinaus — zweierlei ausgedrückt: Soziale Leistungen werden stets nur **"subsidiär"**, d.h. aushilfsweise gewährt, also nur dort, wo eigene oder andere Hilfe nicht möglich ist; der Träger der Sozialhilfe bietet gewissermaßen einen **Rückhalt**, er steht (erst) dahinter. Zum anderen begnügt der Sozialstaat sich nicht mit "Fürsorge" in dem alten Sinne, daß es Not zu lindern gelte; sondern mit der öffentlichen Hilfe soll die eigene Verantwortlichkeit und Freiheit angesprochen, die freie **Selbstentfaltung der Persönlichkeit** angeregt ("aktiviert") und der einzelne von Hilfsbedürftigkeit möglichst wieder freigestellt werden. Dem fügt sich auch jene Vorschrift ein, daß den Wünschen des einzelnen, soweit sie angemessen sind, entsprochen werden soll, so daß er nicht nur wählen kann, welche soziale Leistung er in Anspruch nehmen will, sondern z.B. auch bestimmen darf, in welches von mehreren Heimen er aufgenommen werden möchte. Deshalb mag hier auch erwähnt werden, daß das Gesetz in § 17 Abs. 3 festlegt:

"In der Zusammenarbeit mit gemeinnützigen und freien Einrichtungen und Organisationen wirken die Leistungsträger darauf hin, daß sich ihre Tätigkeit und die der genannten Einrichtungen und Organisationen zum Wohle der Leistungsempfänger wirksam ergänzen. Sie haben dabei deren Selbständigkeit in Zielsetzung und Durchführung ihrer Aufgaben zu achten."

Auch in den Verfahren vor den Stellen der Leistungsträger taucht die Frage nach der Geschäftsfähigkeit geistig Behinderter und alter Menschen auf. Das Gesetz erklärt denjenigen, der das 15. Lebensjahr vollendet hat, für das Verfahren nach dem Sozialgesetzbuch grundsätzlich als **"handlungsfähig"**: er kann Anträge stellen und Leistungen entgegennehmen (hier ist bei den Minderjährigen natürlich zunächst an Jugendhilfe, Ausbildungförderung usw. zu denken). Hat er einen gesetzlichen Vertreter — der Minderjährige: Eltern, der Entmündigte: seinen Vormund — so soll dieser vom Leistungsträger unterrichtet werden. Der gesetzliche Vertreter kann aber auch durch schriftliche Erklärung gegenüber dem Leistungsträger die Handlungsfähigkeit seines Kindes bzw. Mündels einschränken, und die Rücknahme des Antrages, der Verzicht auf Leistungen oder die Aufnahme eines Darlehns bedürfen seiner Zustimmung. Bei einer Gebrechlichkeitspflegschaft wird es auf die Befugnisse des Pflegers ankommen, wie diese sich aus dem Umfang des Wirkungskreises und möglicherweise daraus ergeben, daß der alte Mensch „wegen krankhafter Störung der Geistestätigkeit" unter Pflegschaft gestellt worden ist.

Das bereits in früherem Zusammenhang erörterte Grundrecht eines jeden, **rechtliches Gehör** zu erhalten, wird auch im Sozialgesetzbuch bestätigt: Kein Verwaltungsakt der Sozialhilfeträger, der in Rechte eines Beteiligten eingreift, darf erlassen werden, bevor jener nicht Gelegenheit erhalten hat, sich zu den Tatsachen zu äußern, die für die Entscheidung erheblich sind. Ihm ist außerdem gewährleistet, daß seine Geheimnisse, vor allem die zum persönlichen Lebensbereich gehörigen, „nicht unbefugt offenbart" werden. Denn natürlich muß er dem Leistungsträger Tatsachen mitteilen, die seinen Bedarf und damit seinen Anspruch begründen, und er muß sich hierzu gegebenenfalls auch Untersuchungen stellen oder einer Behandlung unterziehen. Aber auch diese **Pflicht zur Mitwirkung** hat Grenzen dort, wo ihre Erfüllung dem Betroffenen „aus einem wichtigen Grund nicht zugemutet werden kann" oder wo sie in keinem angemessenen Verhältnis zu der beanspruchten Leistung steht oder der Leistungsträger sich Unterlagen auf einfachere Art beschaffen kann.

Hilfe zum **Lebensunterhalt** — „Sozialhilfe" im engeren Sinn — ist in der offenen Hilfe sicherlich der häufigste Fall. Hierher gehören aber auch „Hilfen **in besonderen Lebenslagen**", wie vorbeugende Gesundheitshilfe, z. B. Vorsorgeuntersuchungen, Krankenhilfe, Tuberkulosehilfe, Blindenhilfe und Hilfe für Behinderte als sog. „**Eingliederungshilfe**", d.h. als eine Hilfe, ein weniger behindertes Leben in derjenigen Gemeinschaft führen zu können, der man sich zugehörig fühlt: Hier bekommt das Wort „Rehabilitation" seinen eigentlichen (ursprünglich übrigens kultischen) Sinn zurück, daß jemand wieder für andere umgänglich, daß er wieder „zu haben " ist, daß mit ihm wieder Gemeinschaft gehalten werden kann.

Unter „**Behinderte**" rechnen wir im allgemeinen die körperlich oder geistig Beeinträchtigten, die hierin ohne Rücksicht auf ihr Alter benachteiligt sind. Andererseits sind wir leicht geneigt, **alte oder „gealterte" Menschen** nur mehr unter dem Gesichtspunkt zu sehen, deren Behinderungen seien so schicksalsmässig, daß eine „Rehabilitation" nicht mehr in Betracht zu ziehen sei. Die Erfahrungen lehren anderes. Deshalb ist hier der Katalog, den das Gesetz für „**Leistungen zur Eingliederung Behinderter**" aufgestellt hat, zugleich für die Behinderungen zu verstehen, die auch bei alten Menschen weithin eine Hilfe zur „Teilnahme am Leben in — zu ergänzen: einer von ihnen frei gewählten — Gemeinschaft" fordern und ermöglichen. In seinem § 29 nennt das Sozialgesetzbuch:

„*1. medizinische Leistungen, insbesondere*
   a) ärztliche und zahnärztliche Behandlung,
   b) Arznei- und Verbandmittel,
   c) Heilmittel einschließlich Krankengymnastik, Bewegungs-, Sprach- und Beschäftigungstherapie,
   d) Körperersatzstücke, orthopädische und andere Hilfsmittel,
   e) Belastungserprobung und Arbeitstherapie auch in Krankenhäusern, Kur- und Spezialeinrichtungen,

2. berufsfördernde Leistungen, insbesondere
   a) Hilfen zur Erhaltung und Erlangung eines Arbeitsplatzes,
   b) Berufsfindung, Arbeitserprobung und Berufsvorbereitung,
   c) berufliche Anpassung, Ausbildung, Fortbildung und Umschulung,
   d) sonstige Hilfen zur Förderung einer Erwerbs- oder Berufstätigkeit auf dem allgemeinen Arbeitsmarkt oder in einer Werkstatt für Behinderte.

3. Leistungen zur allgemeinen sozialen Eingliederung, insbesondere Hilfen
   a) zur Entwicklung der geistigen und körperlichen Fähigkeiten vor Beginn der Schulpflicht,
   b) zur angemessenen Schulbildung einschließlich der Vorbereitung hierzu,
   c) für Behinderte, die nur praktisch bildbar sind, zur Ermöglichung einer Teilnahme am Leben in Gemeinschaft,

d) zur Ausübung einer angemessenen Tätigkeit, soweit berufs-
    fördernde Leistungen nicht möglich sind,

e) zur Ermöglichung und Erleichterung der Verständigung
    mit der Umwelt,

f) zur Erhaltung, Besserung und Wiederherstellung der körper-
    lichen und geistigen Beweglichkeit sowie des seelischen
    Gleichgewichts,

g) zur Ermöglichung und Erleichterung der Besorgung des
    Haushalts,

h) zur Verbesserung der wohnungsmäßigen Unterbringung,

i) zur Freizeitgestaltung und zur sonstigen Teilnahme am ge-
    sellschaftlichen und kulturellen Leben,

4. ergänzende Leistungen, insbesondere

a) Übergangs- und Krankengeld,

b) sonstige Hilfen zum Lebensunterhalt,

c) Beiträge zur gesetzlichen Kranken-, Unfall- und Rentenver-
    sicherung sowie zur Bundesanstalt für Arbeit,

d) Übernahme der mit einer berufsfördernden Leistung
    zusammenhängenden Kosten,

e) Übernahme der Reisekosten,

f) Behindertensport in Gruppen unter ärztlicher Betreuung,

g) Haushaltshilfe."

Dies alles gilt — im Blick auf alte Menschen — sowohl für die offene
Hilfe wie für die Hilfe in Heimen — vom Altenwohnheim bis zum
Alterskrankenhaus. Das Gesetz bestimmt in § 75 des in seinen Einzel-
heiten weiter geltenden BSHG nochmals eine besondere „Altenhilfe",
indem es erklärt: „Diese soll dazu beitragen, Schwierigkeiten, die durch
das Alter entstehen, zu überwinden und Vereinsamung im Alter zu ver-
hüten." Wesentliches an Hilfen ist durch den allgemeinen Katalog in
§ 29 des Allgemeinen Teils im Sozialgesetzbuch erfaßt. Im einzelnen
bleibt noch erwähnt: Hilfe zu einer Tätigkeit, wenn sie dem alten Menschen erstrebenswert ist und in seinem Interesse liegt (Bastelräume,
Altenklubs); Hilfe zur Beschaffung altersgerechter Wohnungen (also
auch Unterbringung in einem geeignetem Heim); Hilfe zum Besuch von
Veranstaltungen und Einrichtungen, die der Geselligkeit, der Unter-
haltung oder den kulturellen Bedürfnissen alter Menschen dienen (Aus-

flugsfahten, Theaterbesuche, Rundfunk- und Fernsehgeräte); Hilfe zur Verbindung mit nahestehenden Personen (Telefonanschluß, Reisekosten, ggf. Umzugskosten an den Wohnort von Kindern).

Es war oben gesagt worden, Hilfen nach dem Sozialgesetzbuch sind subsidiär, d.h. aushilfsweise zu leisten. Anspruch auf sie besteht nur dort, wo andere Hilfe nicht zu erreichen ist. Da die Leistungsträger weithin öffentliche Mittel aus Steuern verwalten, sind sie in den meisten Fällen einer Hilfe zu prüfen verpflichtet, ob und inwieweit Mittel zur Verfügung stehen, die zunächst von dem Bedürftigen heranzuziehen sind. Denn innerhalb der Familie bestehen ja, wie wir im Abschnitt III gesehen haben, **Unterhaltsrechte und -pflichten**. Diese werden durch das Sozialgesetzbuch nicht überspielt, sondern haben den **Vorrang** vor der Verpflichtung des Trägers der Sozialhilfe. Wenn also wegen der bestehenden Hilfsbedürftigkeit und, weil nicht zugewartet werden kann, die soziale Hilfe zwar eintritt, hat aber der Träger zu prüfen, ob und inwieweit ein dem Bedürftigen zum Unterhalt zunächst Verpflichteter die aufgewendeten öffentlichen **Mittel zu ersetzen**, vielleicht auch, ob und inwieweit der Berechtigte selbst eigenes Vermögen einzusetzen hat. Insofern spricht das Gesetz mehrfach nicht nur von „Berechtigten", sondern von „Beteiligten" und eben nicht nur von Rechten, sondern auch von Pflichten. Dies kann hier nun im einzelnen nicht dargelegt werden, zumal da es stets im Einzelfall zu prüfen und zu entscheiden ist. Solchen Entscheidungen liegen im allgemeinen Regelsätze für den Bedarf des Berechtigten wie des Verpflichteten zugrunde, und die Träger richten sich zumeist nach den Empfehlungen, die der Deutsche Verein für öffentliche und private Fürsorge herausgegeben hat. Jedenfalls sind die Leistungsträger nicht nur gehalten, über die Möglichkeiten und die einzelnen Zuständigkeiten zu einer Hilfe, sondern auch darüber Auskunft und Hinweise zu geben, unter welchen Bedingungen eine Hilfe möglich ist.

2. HEIMGESETZ

Ein sozialer Rechtsschutz ist für alte Menschen insbesondere auch dann erforderlich, wenn sie sich außerhalb der Familie in Abhängigkeit begeben müssen. Es bedarf gar keiner besonderen Umstände, um einem **alten Menschen in einem Heim** das Gefühl zu erwecken, er sei „entmündigt": Er muß sich nach einer nicht auf ihn persönlich abgestellten

Hausordnung richten, er lebt nicht mehr im Eigenen — auch wenn er Möbel hat mitbringen dürfen — er ist auf das Zusammensein mit Menschen angewiesen, die oft nicht ohne Schwierigkeiten sind, und ist dem Wohlwollen des „Personals" anheimgegeben. Aber es läßt sich wohl nicht bestreiten, daß darüber hinaus Mißstände in Einrichtung, Betrieb oder Leitung eines Heimes dem Bewohner für das Leben zusätzlich Beschwer bereiten können. Hier hat der Gesetzgeber dem Auftrag des sozialen Rechtsstaates auch damit zu entsprechen sich verpflichtet gesehen, daß er durch das im Jahre 1974 erlassene Heimgesetz Schutzbestimmungen vor allem für Alten- und Altenpflegeheime gegeben hat. Als derjenige, der für die Gewähr des Rechts und dessen Schutz einzustehen hat, hat der Staat hier mit grundsätzlichen Regelungen in das Verhältnis zwischen dem alten Menschen und seinem Heim eingegriffen, um die sozialen Rechte des einzelnen sicherzustellen.

Das Gesetz vollständig darzustellen, ist hier kein Anlaß. Es genügt zu sagen, daß die Eröffnung eines Heims an eine **Erlaubnis** gebunden ist, daß u.a. personell wie räumlich gewisse **Mindestanforderungen** erhoben werden, daß Buchführungs- und Meldepflichten der Heimleitung bestimmt sind, daß von gewissen Behörden Auskunft verlangt, Nachschau gehalten, Auflagen und Anordnungen erteilt und Ratschläge gegeben werden können usw. Dies bedeutet, daß die Erfüllung der dem Heim dem alten Menschen gegenüber obliegenden Pflichten nicht allein von diesem — als Vertragspartner — **überwacht** zu werden braucht, sondern daß hier der **Staat** gewissermaßen als Vertreter der „Solidargemeinschaft" die Teilnahme an den Möglichkeiten eines menschenwürdigen Daseins gewährleisten will.

Ziel des Gesetzes ist es, „die Interessen und Bedürfnisse der Bewohner... vor Beeinträchtigungen zu schützen". Dem dienen außer den oben summarisch erwähnten Bestimmungen zwei besondere Regelungen. Mit dem Heimbewohner ist ein schriftlicher **Vertrag** zu schließen. Der Abschluß dieses Heimvertrages soll mit dem, der sich um einen Heimplatz bewirbt — oder mit seinem Vormund oder seinem Gebrechlichkeitspfleger — vor der Aufnahme in das Heim geschlossen werden. Dabei soll eine Übereilung dadurch vermieden werden, daß der Bewerber zunächst schriftlich über alles zu informieren ist, was für ihn zur Beurteilung des Vertrages wichtig ist, vor allem, was die Ausstattung und die Leistungen des Heimes angeht, welche Rechte und Pflichten den Heimbewohner erwarten und welche Leistungen er selbst an Heimkosten zu erbringen hat. Er muß es sich in Ruhe überlegen und auch mit jemandem besprechen oder mit anderen Angeboten vergleichen können. Die Heime benutzen im allgemeinen Musterverträge, in denen vor allem festzuhalten ist, was an Unterkunft — und zwar: auf welcher Station, in welchem Zimmer —, an Versorgung (Verpflegung, Reinigung, Wäsche usw.) und was an Pflege (für gewöhnlich, bei Pflegebedürftigkeit, bei akuter Krankheit, zum Wiedergewinnen verlorener Kräfte = „Rehabilitation") gewährt wird. Hiernach errechnet sich der Heimkostenbeitrag oder Pflegesatz. Zu klären ist auch im Vorhinein, was geschieht, wenn der Heimbewohner in eine andere Pflegeklasse eingruppiert werden muß, weil seine Pflegebedürftigkeit sich geändert hat, oder wenn der Heimträger den Pflegesatz erhöhen muß (letzteres erfolgt für Empfänger von Sozialhilfe in Absprache mit den zuständigen Trägern). Auch die Möglichkeiten einer Kündigung müssen von Beginn an geklärt sein.

Auf diese Weise soll sicher gestellt werden, daß der Inhalt der Abmachungen außer Zweifel steht — auch wenn der alte Mensch ihn vergessen hat oder wenn in der Person seines Vormundes oder Pflegers oder derjenigen des Heimleiters ein Wechsel eintritt. Zudem hat die Aufsichtsbehörde die Unterlage, die sie für die Überwachung des Heims benötigt.

Eine weitere Gewähr, die Rechte des Heimbewohners zur Geltung zu bringen, will das Gesetz mit der **Einrichtung des Heimbeirates** geben. Dieser wird nach einer besonderen Verordnung aus dem Jahre 1976 von den Heimbewohnern gewählt, — die dabei freilich aus Gründen des Alters oder ihrer Gebrechlichkeit oder Abständigkeit manche Schwierigkeiten haben: Immerhin kommt es bei dieser Wahl nicht darauf an, ob der Heimbewohner geschäftsfähig ist. Denn der Heimbeirat hat keine rechtlich verbindlichen Entscheidungen zu treffen; er hat kein Recht zur Mitbestimmung wie etwa ein Betriebsrat oder eine Personalvertretung. Freilich hat er in Angelegenheiten des Heimes **mitzuwirken**. Dies bedeutet einmal, daß er bestimmte Maßnahmen für den Heimbetrieb bei dem Träger oder Leiter beantragen und daß er Anträge oder Beschwerden von Heimbewohnern entgegennehmen und in Verhandlungen mit dem Träger/Leiter des Heimes zu verhandeln und möglichst zu einer Erledigung zu bringen hat. Einzelne, im Gesetz benannte Maßnahmen darf der Heimträger (Leiter) nicht durchführen, ohne sie zuvor „rechtzeitig und mit dem Ziel einer Verständigung" mit dem Heimbeirat zu erörtern; dabei hat er Anregungen des Heimbeirates in die Vorbereitungen einzubeziehen. Das Gesetz führt als Anlaß für diese Mitwirkung u.a. auf: das Aufstellen einer Heimordnung, Maßnahmen zur Verhütung von Unfällen, Änderung der Heimkostensätze, Betreuung, Pflege und Verpflegung der Bewohner, umfassende bauliche Veränderungen, Änderungen oder gar Einstellung des Heimbetriebes. Kommt der Heimträger (Leiter) dieser gesetzlichen Pflicht nicht nach, ist die von ihm getroffene Maßnahme zwar gleichwohl rechtens; aber er kann wegen einer Ordnungswidrigkeit mit einer Geldbuße belegt werden.

Für die Heimbewohner wird im allgemeinen weniger das gesetzliche Recht, als vielmehr das Empfinden maßgeblich sein, daß sie in „ihrem" Heim etwas zu sagen haben, daß sie ihr gemeinschaftliches Leben bis zu einem gewissen Grade doch mitgestalten können, und, wer Mitglied des Heimbeirates ist, erhält mit der Verantwortung eine Aufgabe und damit eine „soziale Hilfe", die ihn aktiviert.

V. ERBRECHT

Die Frage, wie sie „ihr Haus bestellen" können, beschäftigt alte und alternde Menschen in begreiflich hohem und sie oft beunruhigendem Maße. Manch einer regelt es schon zu Lebzeiten und übergibt einem Nachfolger das Geschäft oder den Hof, oder er verteilt das Seine unter Kinder oder Verwandte, um späteren Streit auszuschließen. Andere jedoch wollen sich nicht vorzeitig „ausziehen" — wie man es in Hessen ausdrückt — um dann nicht von Kindern und deren Ehepartnern abzuhängen.

Ist nicht zu Lebzeiten alles geregelt, so kann und sollte es nun auf den Todesfall geschehen. Was dann als „letzter Wille" zu gelten hat, läßt sich in einem **Testament** niederlegen. Das Testament also ist die Urkunde, die als Inhalt schriftlich bezeugt, was das Gesetz die „letztwillige Verfügung" des Erblassers , also desjenigen nennt, der sein Hab und Gut als Erbe einem bestimmten anderen hinterlassen will. Diese Urkunde kann entweder als privates oder als öffentliches Testament errichtet werden. Für beide Formen gilt zunächst folgendes:

„**Testierfähig**", d.h. fähig, ein Testament zu errichten, ist, wer mündig ist. Vom Alter her ergibt sich nur dahin eine Besonderheit, daß ein junger Mensch bereits von seinem 16. Geburtstag ab ein von einem Notar beurkundetes öffentliches — also nicht ein privatschriftliches — Testament errichten kann, und zwar ohne Zustimmung, also gegebenenfalls auch ohne Wissen seiner Eltern als seiner gesetzlichen Vertreter. Wer — gleichgültig aus welchem Grunde — entmündigt ist, ist nicht testierfähig; sein „Testament", d.h. seine letztwillige Verfügung ist ungültig. Es kommt also im jetzigen Zusammenhang nicht darauf an, daß eine Entmündigung etwa nur wegen Geistesschwäche oder wegen Trunksucht die Geschäftsfähigkeit lediglich einschränkt, man also vielleicht doch an eine Mitwirkung des Vormundes als des gesetzlichen Vertreters denken könnte; freilich wäre sie wohl ebenso auszuschließen wie bei dem noch beschränkt geschäftsfähigen Minderjährigen zwischen 16 und 18 Jahren. Vielmehr bestimmt das Gesetz ganz allgemein und ohne Rücksicht darauf, ob eine Pflegschaft oder eine Vormundschaft eingerichtet worden ist, daß derjenige nicht testierfähig ist, der in dem Zeitpunkt, zu dem die Errichtung des Testaments in Frage kommt oder gar

48

einmal geschehen ist, deswegen nicht in der Lage ist, „die Bedeutung einer von ihm abgegebenen Willenserklärung einzusehen und nach dieser Einsicht zu handeln", weil er geistesschwach ist (bzw. war) oder unter einer krankhaften Störung der Geistestätigkeit oder unter Bewußtlosigkeit leidet (bzw. litt). Das bedeutet also: Es muß nicht — durch Entmündigung, Bestellung eines Vormundes oder durch Einrichtung einer Pflegschaft für einen geistig Behinderten — bereits festgestellt worden sein, daß jemand zum Errichten eines Testaments geistig außer Stande ist, sondern es ist, wo sich ein Zweifel aufdrängt, im einzelnen Fall (notfalls nachträglich) festzustellen, ob der Erblasser testierfähig ist (bzw. gewesen ist) oder nicht. Eine bestehende Entmündigung schließt die Testierfähigkeit eindeutig aus. Aber der Notar, der ein Testament öffentlich beurkundet, muß sich in jedem anderen Fall zuvor Gewißheit verschaffen, daß sein Klient in der Lage ist, ein Testament zu errichten; darauf wird noch einzugehen sein.

Das **private Testament** ist jenes, das jemand errichtet, ohne eine amtliche Person zu Beurkundung hinzuzuziehen, das er also für sich allein und bei sich zu Hause macht. Für dessen Gültigkeit schreibt das Gesetz vor, daß es vom Erblasser eigenhändig mit der Hand — also nicht mit der Schreibmaschine — niedergeschrieben ist. Es geht daher nicht, daß ein Kranker den Text jemand anderem diktiert — selbst wenn Zeugen zugegen sind — und diesen dann nur unterschreibt: Kann er selbst nicht mehr schreiben, bleibt ihm als einzige Möglichkeit die öffentliche Beurkundung. Dasselbe gilt für jemanden, der zwar noch schreiben, aber nicht mehr lesen kann; auch er muß den Notar in Anspruch nehmen. Die eigene handschriftliche Abfassung ist die eine zwingende Vorschrift. Die andere verlangt die Unterschrift des Erblassers. Weiteres „soll" zwar beachtet werden, bedingt jedoch nicht die Gültigkeit des Testaments.

Dazu gehört einmal, daß die Unterschrift den Vornamen und den Familiennamen des Testators enthalten soll; aber es genügt nach der gesetzlichen Bestimmung auch, daß aus der Unterschrift die „Urheberschaft des Erblassers", also die Identität seiner Person eindeutig festzustellen ist. So können Unterschriften „Euer Vater", „Tante Sophie" oder auch ein bloßer Vorname ausreichen, wenn jeder Zweifel an der Person des Testators ausgeschlossen ist. Ebenso soll das Datum den Ort und den Zeitpunkt der Niederschrift angeben, aber auch hier macht das Fehlen das Testament nicht ungültig. Einmal freilich können diese Angaben angesichts einer z. B. auf den bloßen Vornamen abgekürzten Unterschrift die Identifizierung des Testators erleichtern. Zum anderen aber ist die Zeitangabe im Datum dann entscheidend, wenn der Erblasser nicht nur **eine** „letztwillige" Verfügung hinterlassen hat — und das tun nicht wenige Menschen gerade in hohem Alter; denn als „letzter" Wille kann eben nur derjenige gelten, der zuletzt niedergeschrieben worden ist, und dies kann allein anhand der Daten geklärt werden.

Das sog. **„öffentliche" Testament** wird dadurch errichtet, daß der Erblasser seinen letzten Willen von einem Notar beurkunden läßt. Bis vor einigen Jahren konnten solche Beurkundungen auch durch einen Richter vorgenommen werden; jetzt jedoch liegt die Zuständigkeit allein bei den Notaren. Der Notar hat sich zunächst von der Person des Erblassers zu überzeugen. Er muß sich also, sofern er ihn nicht kennt, seinen Personalausweis vorlegen lassen. Deshalb ist es wichtig, darauf zu achten, daß der Ausweis zeitlich noch gültig ist; alte Menschen, die ihn kaum benötigen, denken oft nicht daran. Der Notar hat sich sodann zu vergewissern, daß sein Klient testierfähig ist: Dazu genügt angesichts der beruflichen Erfahrung des Notars in der Regel ein kurzes Gespräch. Hat der Notar Zweifel, wird er prüfen müssen, ob er eine Beurkundung ablehnt oder sie aufschiebt, bis er auf irgendeine andere Weise sich die nötige Klarheit verschafft hat. Ob er zur Beurkundung zwei Zeugen hinzuzieht, hängt von dem Wunsche des Erblassers ab. Wo es Schwierigkeiten der Verständigung gibt, sei es mit Ausländern, sei es mit einem Taubstummen, wird ein Dolmetscher zu Hilfe gezogen. Die Beurkundung geschieht zumeist in der Weise, daß der Erblasser dem Notar erklärt, was er zu bestimmen beabsichtigt, und der Notar den Wortlaut formuliert. Dabei erläutert der Notar etwaige Folgen des Beabsichtigten, er kann Bedenken äußern oder Vorschläge machen. Zuweilen entwirft er zunächst den gesamten Wortlaut und überläßt ihn dem Erblasser zum Bedenken.

Möglich ist aber auch, daß der Erblasser dem Notar ein von ihm selbst bereits geschriebenes Testament überreicht und ihm erklärt, diese Schrift enthalte seinen letzten Willen. Dann wird diese Übergabe und die Erklärung des Erblassers beurkundet. In einem solchen Falle kann die übergebene Schrift offen oder verschlossen sein; es ist nicht nötig, daß sie mit der Hand geschrieben, unterschrieben oder datiert ist: Die

Gültigkeit als Testament eben dieses Erblassers wird durch die notarielle Beurkundung hergestellt.

Das Gesetz kennt noch eine besondere Form des öffentlichen Testaments, die freilich heute kaum noch anzutreffen sein dürfte: das sog. **Nottestament.** Hier soll der Fall berücksichtigt werden, daß der Erblasser so schwer krank ist, daß er selbst nicht mehr schreiben, daß aber auch nicht mehr abgewartet werden kann, bis ein Notar zur Beurkundung zur Stelle ist. Dann ist der örtliche Bürgermeister unter Zeugenschaft zweier weiterer (am Nachlaß unbeteiligter) Personen zur Beurkundung befugt. Ein solches Nottestament verliert seine Gültigkeit, wenn der Testator den Zeitraum von drei Monaten überlebt; das Gesetz geht davon aus, daß der letzte Wille des Todkranken nicht mehr mit dem jetzigen des gesundeten Erblassers übereinstimmen könnte. Nach dem unverändert gebliebenen Wortlaut des Gesetzes kann zwar noch der „Vorsteher eines Gutsbezirks" — wie es ihn früher einmal gab — die Befugnis des Bürgermeisters, ein Nottestament zu beurkunden, wahrnehmen; nicht aber kann es nach der Gemeindereform der Vorsitzende des Ortsbeirates in einer Großgemeinde, und ebenso rasch wie der Bürgermeister aus der Kerngemeinde dürfte heutzutage auch der Notar in seinem PKW zur Stelle sein.

Das öffentliche Testament muß bei dem Amtsgericht **hinterlegt** werden, in dessen Bezirk der Notar (ggf. der Bürgermeister) seinen Dienstsitz hat. Sein privat aufgesetztes Testament kann der Erblasser gleichfalls hinterlegen; er kann es also auch bei sich zu Hause behalten. Das Amtsgericht ist verpflichtet, das Testament in einem Tresor zu verwahren und dem Erblasser über die Hinterlegung einen Schein auszustellen: Nur gegen Rückgabe dieses „Hinterlegungsscheines" händigt das Amtsgericht das Testament wieder aus. Daß ein Testament bei ihm in amtliche Verwahrung gegeben worden ist, teilt das Amtsgericht dem Standesamt des Geburtsortes des Erblassers mit: So wird durch Vermerk neben dem Geburtseintrag sichergestellt, daß das Vorhandensein des Testaments bei der Notiz des späteren Todesfalls nicht vergessen wird oder daß es festgestellt werden kann, falls die Erben einen Hinterlegungschein nicht finden oder von einem Testament nichts wissen. Die Mitteilung geht auch an die Standesämter der DDR und für diejenigen, die in den deutschen Ostgebieten oder im Ausland geboren sind, an das Amtsgericht Berlin-Schöneberg.

Nimmt der Erblasser sein Testament, das er von einem Notar hat beurkunden lassen, aus der amtlichen Verwahrung **zurück**, so hat die Rücknahme zur Folge, daß das Testament ungültig wird; er muß also eine neue letztwillige Verfügung treffen. Ein privatschriftliches Testament wird durch die Rücknahme nicht ungültig; denn der Erblasser konnte es ja von Anfang an bei sich zu Hause verwahren. Eine solche Rücknahme erfolgt im allgemeinen, weil der Testator seine frühere letztwillige Verfügung aufheben, ändern oder ergänzen will. Dazu braucht er ein völlig neues Testament nur dann zu machen, wenn er seine früheren Bestimmungen in ganzem Umfange für ungültig erklären möchte (und das drückt er zweckmäßig auch besonders aus). Sonst genügt es, dem Testament einen Zusatz (,,Kodizill") oder eine Berichtigung hinzuzufügen — dies alles (sofern es nicht der Notar beurkundet) voll handschriftlich mit Unterschrift und nun notwendig mit Datum, damit später feststeht, was als wirklich ,,letzter" Wille zu gelten hat.

Auf zwei besondere Möglichkeiten, den letzten Willen schriftlich zu bekunden, ist noch hinzuweisen. Eheleute — und nur sie, nicht etwa Geschwister oder sonst andere Personen — können gemeinschaftlich ein Testament errichten. Dieses **gemeinschaftliche Testament** — falls es nicht der Notar beurkundet — braucht nur von einem der beiden Ehegatten handschriftlich geschrieben zu werden; für den anderen genügt es, daß dieser den Text unter Angabe des Datums gleichfalls unterschreibt: Ein Zusatz z. B. ,,Dies ist auch mein letzter Wille" oder ,,Vorstehendes ist auch mein Testament" u. ä. wird zwar oft gegeben, ist aber gesetzlich nicht nötig, um das Testament als letzten Willen beider Eheleute gültig werden zu lassen.

Im Regelfall setzen in einem gemeinschaftlichen Testament die Eheleute sich gegenseitig zu Erben ein. Häufig bestimmen sie, wer Erbe des zuletzt Versterbenden sein soll (sog. ,,Berliner Testament"). Zu Lebzeiten seines Ehepartners kann ein Ehegatte zwar seine Verfügung in einem vom Gesetz vorgeschriebenen Verfahren widerrufen, aber er kann nicht ohne weiteres allein eine andere letztwillige Verfügung treffen, die derjenigen im gemeinschaftlichen Testament widerspricht. Auch nach dem Tode des anderen kann er sich von dem gemeinschaftlich erklärten Willen nur lösen, wenn er das ausschlägt, was ihm nach dem letzten Willen des anderen als dessen Nachlaß zukommen soll. Wird die Ehe geschieden, oder war zur Zeit des Todes des einen Ehegatten mit dessen Einverständnis ein Scheidungsverfahren anhängig, so verliert das gemeinschaftliche Testament seine Wirksamkeit.

Eine ähnliche Möglichkeit, seinen letzten Willen durch Absprache mit einem anderen festzulegen, ist der **Erbvertrag.** Er muß durch einen Notar beurkundet und kann nur von voll geschäftsfähigen Personen geschlossen werden; bei Eheleuten als Vertragspartnern steht eine nur beschränkte Geschäftsfähigkeit nicht entgegen, sofern der Vormund mit Genehmigung des Gerichts einwilligt. In einem solchen Vertrage können die Beteiligten letztwillige Verfügungen, d.h. Erbeinsetzungen und Vermächtnisse treffen. Hierdurch wird keiner von ihnen gehindert, zu Lebzeiten über sein Vermögen frei zu verfügen, wie ja auch derjenige, der sein Testament gemacht hat, mit dem Seinen nach wie vor frei schalten und walten darf. Keiner der Vertragspartner kann die Vereinbarungen einseitig aufheben; dazu bedarf es wiederum eines Vertrages. Allerdings kann derjenige, der einem anderen etwas als Erbe zugesprochen hat, dies widerrufen, wenn der Bedachte dadurch, daß er ihm „nach dem Leben trachtet" oder ihn körperlich mißhandelt, sich einer „Verfehlung" ihm gegenüber schuldig gemacht hat. Ein weiteres Recht zum Widerruf besteht, falls der Erblasser sich Unterhalt durch den anderen ausbedungen hat — und dies ist der Regelfall für einen Erbvertrag — , jener aber den Unterhalt böswillig schuldig bleibt, oder wenn diese Vereinbarung wegen veränderter Umstände aufgehoben wird (die Zahlung von Unterhalt als Voraussetzung für eine letztwillige Zuwendung also fortfällt).

Wir hatten beim sog. „Berliner Testament" gesehen, daß Eheleute als gemeinschaftlichen letzten Willen bestimmen können, wer nach dem Tode des zuletzt Versterbenden dessen Erbe — und im Ergebnis auch Erbe des zuerst Verstorbenen — werden solle. Auf diese Weise kann ein Übergang des Nachlasses auch auf weitere Nachfolger voraus geregelt werden. Unabhängig von der Möglichkeit in einem solchen Ehegatten-Testament kann jeder Erblasser bestimmen, wer zunächst sein Erbe und wer nach dessen Tode endgültiger Erbe werden soll. Hier spricht das Gesetz von **Vor- und Nacherbfolge.** Der Vorerbe ist zwar voller Erbe, ist jedoch , sofern nicht der Erblasser ihn von dieser Pflicht befreit hat, daran gebunden, Geld in bestimmter Weise („mündelsicher") anzulegen, auf Verlangen des Nacherben Wertpapiere zu hinterlegen, Geschäfte über Grundstücke aus dem Nachlaß oder größere Schenkungen nur mit Zustimmung des Nacherben vorzunehmen usw.; denn dem Nacherben soll natürlich die Gewähr bleiben, den Bestand des Nachlasses in möglichst ungeschmälertem Wert zu erhalten. In der Regel geht der Nachlaß auf den Nacherben mit dem Tode des Vorerben über. Nicht selten läßt der Testator den Nacherbfall schon mit einer etwaigen Wiederheirat seines als Vorerben eingesetzten Ehepartners eintreten, vor allem um gemeinsame minderjährige Kinder vor Eingriffen eines Stiefelternteils zu schützen. Hierzu mag erwähnt werden, daß verwitwete Elternteile, die mit minderjährigen Kindern gemeinsames Vermögen haben, zu einer Wiederheirat ein Zeugnis des Vormundschaftsgerichts benötigen, daß sie sich zuvor wegen des Vermögens mit den Kindern auseinandergesetzt haben.

Im Testament kann aber jemand nicht nur bestimmen, wer sein Erbe sein soll, sondern er kann auch angeben, wer etwa aus dem Nachlaß den einen oder anderen Gegenstand erhalten soll, wem er also etwas Einzelnes „vermacht": Er setzt damit ein **Vermächtnis** aus. Der solcherart Bedachte hat daraus gegen den Erben einen Anspruch auf Herausgabe des Gegenstandes, vielleicht sogar auf Übereignung eines Grundstücks oder eines Hauses, ohne daß er dadurch selbst (Mit)Erbe wird. So wie die Erben, z.B. Geschwister, sich untereinander über die Aufteilung des Nachlasses einigen können, kann auch der Vermächtnisnehmer sich mit dem Erben einigen, in welcher Weise — vielleicht abweichend von der Anordnung des Erblassers — dieser das Vermächtinis erfüllen soll. Nicht selten sind Testamente, in denen nur angegeben ist, an wen einzelne Stücke des Nachlasses gehen sollen, ohne daß einer der Bedachten ausdrücklich als Erbe bezeichnet wäre. Dann bleibt es Aufgabe des Gerichts, durch Auslegung, z. B. auch durch Vergleich der Werte der einzelnen Nachlaßgegenstände, festzustellen, wer als derjenige, der den größten Anteil am Nachlaß erhalten hat, nun hinsichtlich der vom Erblasser übergehenden Rechte und Pflichten als Erbe anzusehen ist: Er steht dann auch gegenüber den anderen Bedachten als derjenige da, der den letzten Willen des Erblassers erfüllen und den Nachlaß aufzuteilen hat, aber auch gegenüber den Behörden als derjenige, der für die Lasten einstehen muß.

Es ist aber eine alte Volksweisheit: „Teilung der Güter ist Teilung der Gemüter." Diese bewahrheitet sich oft vor allem dann, wenn der Erblasser nicht nur einen, sondern mehrere zu seinen Erben bestimmt, also eine Erbengemeinschaft als seinen Rechtsnachfolger eingesetzt hat (oder mangels eines Testamentes der überlebende Ehegatte und die gemeinsamen Kinder zusammen erben). Will der Testator sicher sein, daß nicht Streit untereinander den Frieden unter den Miterben gefährdet, kann er anordnen, daß jemand als **Testamentsvollstrecker** die Ausführung des letzten Willens übernehmen soll. Dann wird er regelmäßig hierfür eine Person — aus dem Kreise der Erben oder einen Unbeteiligten — bestimmen; er kann aber die Auswahl auch dem Gericht überlassen. Der vom Erblasser Benannte muß zur Beurkundung durch einen Notar erklären, ob er das Amt annimmt, und alsdann erhält er vom Gericht ein Testamentsvollstrecker-Zeugnis: Mit diesem kann er alle Geschäfte für den Nachlaß, gegebenenfalls auch Prozesse, führen; er hat den Nachlaß — z.B. ein Haus oder einen Betrieb — zu verwalten und muß schließlich den Nachlaß unter die Erben und etwaigen Vermächtnisnehmer verteilen . Auch wenn unter mehreren Erben kein Streit zu befürchten ist, bringt eine Testamentsvollstreckung die Erleichterung mit sich, daß nur einer für die Verwaltung des Nachlasses und zu Verhandlungen mit Behörden, Banken usw. zuständig ist, ohne daß die vielleicht weit auseinander wohnenden Erben stets durch Mehrheitsbeschluß eine Entscheidung herbeiführen und jeweils einen von ihnen mit Aufträgen betrauen müssen.

Damit nun aber auf Grund eines Testamentes — sei es eines privatschriftlichen, sei es eines öffentlich beurkundeten — über den Nachlaß verfügt werden und er den Erben zukommen kann, ist es nötig, den Inhalt des Testamentes förmlich festzustellen und daraufhin den oder die Erben in ihrem Recht zu legitimieren. Dazu muß das **Testament eröffnet** werden. Das bedeutet: das in amtlicher Verwahrung befindliche Testament muß — gegen Vorlage des Hinterlegungsscheines — aus der Verwahrung herausgenommen und zusammen mit der Sterbeurkunde des Erblassers dem Antrage beigefügt werden, es zu eröffnen. Ein zu Hause aufbewahrtes privates Testament ist nach dem Tode des Erblassers mit der Sterbeurkunde bei Gericht abzuliefern, und auch hier ist zu beantragen, daß es eröffnet wird. Hier kommt es nicht darauf an, ob dieses private Testament möglicherweise gar nicht verschlossen ist, sondern in einem offenen Blatt Papier besteht, und ob der Inhalt dem, der es abgibt, bekannt ist; denn es soll nicht geöffnet, sondern es muß sein Inhalt denjenigen eröffnet werden, die als Berechtigte in Betracht kommen. Dazu beraumt das Gericht einen Termin an, und es muß den Inhalt des Testaments allen mitteilen, die im Testament bedacht worden sind, aber auch denen, die von Gesetzes wegen als Erben in Frage kämen, wenn nicht der Erblasser im Testament andere eingesetzt hätte.

Der Zweck des Verfahrens ist ein doppelter. Einmal wird den am Erbe Interessierten die Möglichkeit gegeben, Einwände gegen die Gültigkeit des Testaments zu machen, — sei es, daß die Form nicht gewahrt ist (Maschinenschrift, keine Unterschrift usw.), sei es daß jemand behauptet, bei dem mitgeteilten Text handele es sich gar nicht um die letzte Fassung eines Testaments, sei es, daß Zweifel an der Geschäftsfähigkeit des Erblassers zum Zeitpunkt der Abfassung des Testaments geäußert werden. Zum anderen erhalten die im Testament Bedachten und die gesetzlichen Erben Kenntnis vom Inhalt des letzten Willens des Erblassers und also davon, ob sie zum Erben bestimmt sind oder als Erben übergangen wurden oder ob ihnen ein Vermächtnis zugedacht ist. Wer sich als Erbe eingesetzt sieht, hat von der Kenntnis dieser Tatsache an sechs Wochen lang die Möglichkeit, die Annahme der **Erbschaft** durch öffentlich beurkundete Erklärung gegenüber dem Amtsgericht **auszuschlagen**, vielleicht, weil ihm auf dem Erbteil zu hohe Schulden ruhen (die man ja miterbt) oder weil er von diesem Erblasser überhaupt nichts übernehmen oder weil er erreichen will, daß sein Erbteil anderen Erbberechtigten zukommt. Wollen Eltern für ihre minderjährigen Kinder eine solche Ausschlagung erklären, benötigen sie hierzu die schriftliche Genehmigung des Vormundschaftsgerichts.

Liegt ein öffentliches, von einem Notar beurkundetes Testament vor, so wird dieses nicht selten für den oder die Erben als **Nachweis der Rechtsnachfolge** in das Vermögen des Erblassers anerkannt, — der Erbe kann z.B. über das Bankguthaben verfügen u.ä.m. Im allgemeinen jedoch ist es anders, immer sogar bei dem privatschriftlichen Testament: Es kann ja den Geschäftspartnern des Erben nicht gut zugemutet werden, ihrerseits zu prüfen, ob z. B. das Zettelchen, das ein alter Heimbewohner in der Nachttischschublade hinterlassen hat, die Rechtsnachfolge auf den Erben gültig ergibt. Deshalb erfordert es regelmäßig, daß der Erbe bei Gericht die Ausstellung eines **Erbscheins** beantragt. Dazu prüft das Gericht die Gültigkeit des Testaments und stellt es notfalls weitere Nachforschungen an. Durch die Ausstellung des Erbscheins übernimmt das Gericht die Gewähr, daß der darin aufgeführte Erbe des Verstorbenen die Rechte am Nachlaß hat.

Der Erbschein dient zum Nachweis nach außen, um den Erben als Inhaber der Rechte und Pflichten aus dem Nachlaß zu legitimieren. Im familiären „Innenverhältnis" können selbstverständlich mehrere Erben untereinander oder auch gesetzliche Erben mit den testamentarischen Erben Vereinbarungen treffen und etwa den Nachlaß anders aufteilen, als es im Testament zu einzelnen Erbteilen bestimmt ist, oder auch ein formal ungültiges Testament als letzten Willen des Verstorbenen zur Grundlage ihrer Auseinandersetzung machen.

Ein Erbschein ist auch unerläßlich, wenn der Erblasser kein Testament errichtet, also nicht bestimmt hat, wer ihn beerben soll. Hier tritt die **gesetzliche Erbfolge** ein. Denn ein Nachlaß kann ja nicht herrenlos bleiben. Seit je gilt der Grundsatz, daß zunächst die Familie Anspruch auf das Erbe hat, sofern nicht der Erblasser von seinem Recht Gebrauch macht, frei über die Nachfolge in seine Rechte zu bestimmen. Den Generationen einer Familie entsprechend, kennt das Gesetz verschiedene Ordnungen der Erbfolge. In der 1. Ordnung stehen die Abkömmlinge des Erblassers, d.h. die Kinder (einschließlich der adoptierten) und, sofern Kinder bereits verstorben sind, die von diesen stammenden Enkel. In dieser Ordnung rechnet hier auch ein am Sterbetag des Erblassers zwar noch nicht lebendes, aber schon gezeugtes Kind („nasciturus" — und hier zeigt sich der Rechtskonflikt zum § 218 des Strafgesetzbuches!) Ein nichteheliches Kind hat gegen den (die) Erben einen sog. Erbersatzanspruch, d.h. auf eine Abfindung in Höhe des gesetzlichen Erbteils eines ehelichen Kindes (es wird also nicht (Mit) Erbe). Sind keine Kinder vorhanden (oder vorhanden gewesen), so stehen in der 2. Ordnung die Eltern, hilfsweise deren Abkömmlinge, d.h. die Geschwister oder an deren Stelle die Neffen und Nichten des Erblassers. Die Erben der 3. Ordnung werden schließlich durch die Großeltern vermittelt, die der 4. Ordnung durch die Urgroßeltern usw.

Außerhalb dieser Ordnungen steht unter den gesetzlichen Erben der **Ehegatte** des Erblassers. Ihm kommt in jedem Falle das „Voraus" zu, nämlich das, was bisher zur Führung des ehelichen Haushalts gehört hat und was einmal Hochzeitsgeschenk gewesen ist. Darüber hinaus steht ihm im Vornhinein ein Viertel des Nachlasses jedenfalls immer dann zu, wenn die Eheleute in dem gesetzlichen Güterstande der sog. Zugewinngemeinschaft gelebt haben, und das ist der Fall, wenn sie nicht miteinander einen anderen Güterstand vereinbart haben (z.B. Gütertrennung, Gütergemeinschaft usw.). Hierbei spielt es keine Rolle, ob es sich um den Mann oder um die Frau handelt und wer von ihnen und ob überhaupt jemand einen Zugewinn während der Ehe erarbeitet oder erworben hat. Zu diesen aus der Ehe nachwirkenden Rechten kommt hinzu für den überlebenden Ehegatten als gesetzlicher Erbteil neben Erben der 1. Ordnung — zumeist also den gemeinsamen Kindern — ein Viertel, neben denen der 2. Ordnung (Schwiegereltern, Schwägern usw.) sowie der 3. Ordnung (Schwiegergroßeltern) die Hälfte des Nachlasses. Er erbt also neben der 1. Ordnung ggf. die Hälfte, neben der 2. und 3. Ordnung ggf. drei Viertel. Alle etwa vorhandenen weiteren Verwandten des Erblassers haben keinen gesetzlichen Erbanspruch mehr, wenn der Verstorbene einen Ehegatten hinterlassen hat; dieser erbt dann allein. Das alles gilt selbstverständlich nur, wenn im Zeitpunkt des Todes die Ehe noch bestanden hat und wenn nicht auf Antrag oder mit Zustimmung des Erblassers eine Klage auf Scheidung der Ehe anhängig war.

Ist kein Ehepartner zurückgeblieben und läßt sich aus der Verwandtschaft des Erblassers ein Erbe überhaupt nicht ermitteln oder haben alle Ermittelten die Annahme der Erbschaft ausgeschlagen, so tritt der **Fiskus** die Rechtsnachfolge an, d.h. das Vermögen fällt mit den Schulden an den Fiskus desjenigen Staates (des Bundeslandes), „dem der Erblasser zur Zeit des Todes angehört hat". Von diesem (letztrangigen) Erbrecht des Fiskus ist zu unterscheiden, daß im Falle des Todes eines Empfängers von Sozialhilfe der **„Träger der Sozialhilfe" Ansprüche** an den Nachlaß erheben kann. Sozialhilfe ist ja nur aushilfsweise gewährt worden. Ergibt sich, daß der Nachlaß Werte — auch Erspartes — ausweist, die eine Gewährung von Sozialhilfe nicht oder jedenfalls nicht in der zuletzt zugebilligten Höhe erforderlich gemacht hätten, so ist der Träger der Sozialhilfe gehalten, das Interesse der öffentlichen Mittel zu wahren und — in einem rechtlich abgesicherten, hier nicht darzulegenden Rahmen — eine gewisse Rückerstattung seiner Aufwendungen zu verlangen; diese Nachlaßschuld muß der Erbe hinnehmen.

Es stehen also im Erbrecht zwei Grundsätze gewissermaßen gleichberechtigt nebeneinander: die Freiheit des Erblassers, durch Testament seinen Nachlaß nach eigenem Wunsch zu verteilen, und der Anspruch der Familie, in die Rechtsnachfolge nach ihrem Angehörigen einzutreten. Deshalb kann die durch Testament „gewillkürte" Erbfolge die gesetzliche Nachfolge, die den Familiengliedern des Erblassers gewährleistet bleibt, nicht völlig ausschließen. Wer als Ehegatte des Erblassers, als sein Abkömmling oder als Elternteil sich im Testament übergangen sieht, kann daher gegenüber dem testamentarischen Erben den **Pflichtteil** geltend machen; dieser besteht in der (rechnerischen) Hälfte des gesetzlichen Erbteils: Auf deren Abfindung oder Auszahlung kann er — muß er also nicht — Anspruch erheben.

Für die praktische Auseinandersetzung kennt das Gesetz eine Reihe von Möglichkeiten, etwa die, daß der Erblasser noch zu Lebzeiten einem Verwandten Geschenke zuwendet und zugleich bestimmt, daß diese auf den späteren Pflichtteil anzurechnen sind (so kann Meinungsstreit mit dem Erben vermieden werden); oder der Erblasser setzt dem Pflichtteilsberechtigten im Testament ein Vermächtnis aus, das die Höhe des Pflichtteils erreicht, oder er belastet unter mehreren von ihm bestimmten Erben einen von ihnen, den Pflichtteilsanspruch zu befriedigen. Schließlich umschreibt das Gesetz diejenigen Tatbestände, die es dem Erblasser ermöglichen, einem Berechtigten den Pflichtteil zu entziehen, z. B. wenn dieser ihm nach dem Leben trachtet, ihn körperlich schwer mißhandelt, ihm gegenüber die Pflicht zum Unterhalt böswillig verletzt hat usw. Daß ein solcher Grund für den Verstorbenen gegeben war, muß freilich der Erbe gegenüber dem Berechtigten, wenn er seinen Anspruch gleichwohl erhebt, notfalls gerichtlich nachweisen können.

Nicht selten sind die Fälle, in denen nach jemandes Tode dessen Erbe nicht alsbald bekannt oder dieser nicht in der Lage ist, den Nachlaß ordnungsgemäß zu übernehmen. Deshalb sieht das Gericht eine Reihe von Maßnahmen vor, die den Nachlaß und damit die Rechte des Erben sichern und für die Erfüllung laufender Verpflichtungen sorgen sollen. Gewöhnlich ist es zwar so, daß Angehörige den Tod miterleben oder ihn sonst erfahren und, um den Nachlaß regeln zu können, ein im Hause des

Verstorbenen aufbewahrtes Testament oder den Hinterlegungsschein
für eines, das sich in amtlicher Verwahrung befindet, auf dem Gericht
abliefern und daß dann die Dinge ihren Lauf nehmen können. Weil dies
aber nicht allgemein vorauszusehen ist, kennt man in Hessen die Einrichtung der **Ortsgerichte**. Der Vorsteher des Ortsgerichts erhält von jedem Sterbefall seines Bezirks durch das Standesamt unverzüglich Nachricht und hat die Pflicht, — nicht gerade noch vor der Beerdigung, aber
doch zum gebotenen frühesten Zeitpunkt — Ermittlungen anzustellen:
ob jemand da ist, der sich um den Haushalt kümmert, ob ein Testament
vorhanden ist, wer als nächster Angehöriger in Frage kommt, ob der
Verstorbene seinerseits behinderte, jetzt unversorgte Angehörige oder
ob er ein Mündel oder einen Pflegling hinterlassen hat u.a.m. Darüber erstattet er dem Amtsgericht eine Anzeige und setzt dieses damit in Stand,
etwa nötige Maßnahmen einzuleiten.

In Altenheimen bestehen meistens Abmachungen, die sich in der lang-
jährigen Zusammenarbeit mit dem Ortsgerichtsvorsteher ergeben haben.
Schwieriger sind die Fälle, in denen in der Gemeinde jemand verstirbt,
der zuletzt allein gestanden hat und Angehörige entweder überhaupt
nicht oder doch nur in schwer erreichbarer Ferne besitzt. Hier ist der
Ortsgerichtsvorsteher verpflichtet, zusammen mit einem weiteren Mitglied des Ortsgerichts eine erste Sicherung des Nachlasses aufzunehmen:
Geld, Wertpapiere, Wertsachen u. dgl. muß er dem Amtsgericht zur Verwahrung abliefern, notfalls andere Dinge inventarisieren, für verderb-
liche Sachen und auch für Haustiere sorgen, vor allem jedoch danach
die Wohnung oder gar das Haus abschließen und amtlich versiegeln
(indem er einen haltbaren Papierstreifen mit Dienstsiegel über das
Schlüsselloch klebt). Über alles erstattet er dem Amtsgericht Bericht,
und es ist nun dessen Aufgabe, für das weitere zu sorgen.

Solange keine Personen feststehen, die als Erben unzweifelhaft berechtigt erscheinen, und wenn jedoch Maßnahmen für die Hinterlassen-
schaft nötig sind, hat das Gericht die Möglichkeit, einen **Nachlaß-
pfleger** zu bestellen. Dieser hat alle Rechte und Pflichten aus dem
Nachlaß wahrzunehmen, bis die Erben ermittelt sind oder bis feststeht,
ob die in Betracht kommenden Erben die Erbschaft angenommen —
also nicht innerhalb der ihnen zur Verfügung stehenden gesetzlichen
Frist von sechs Wochen ausgeschlagen — haben. Die Tätigkeit des
Pflegers wird vom Amtsgericht (als Nachlaßgericht) ebenso überwacht

wie diejenige des sonstigen Pflegers durch das Vormundschaftsgericht.

Die **Leiche** des Verstorbenen ist keine „Sache", die Gegenstand des Rechtsverkehrs werden könnte. Über sie kann nur entweder eine Bestimmung des Verstorbenen vorliegen, oder aber die nächsten Angehörigen erscheinen berechtigt, eine Anordnung zu treffen. Diese kann sich einmal auf die Art der **Bestattung** beziehen. Liegt keine andere Bestimmung vor, so erfolgt eine Beerdigung. Für eine Einäscherung bedarf es einer ausdrücklichen Verfügung des Verstorbenen. Diese kann formlos erfolgen; sie braucht also nicht beurkundet, die Unterschrift nicht beglaubigt zu werden. Vielmehr genügt eine einfache schriftliche Erklärung mit Datum und Unterschrift. Liegt sie nicht vor und hat der Verstorbene nicht ausdrücklich etwas anderes bestimmt, so haben die nächsten Angehörigen die Möglichkeit, die Einäscherung durch eine schriftliche Erklärung anzuordnen. Das Krematorium verlangt außerdem eine Bescheinigung des Friedhofs, daß auf ihm die Urne beigesetzt werden wird.

Zum anderen kann eine Bestimmung über die Leiche die Frage einer **Leichenöffnung** (Obduktion) betreffen. Von Amts wegen, d.h. ohne vorheriges Einverständnis des Verstorbenen und ohne eine Einwilligung der nächsten Angehörigen als der nunmehr Berechtigten, darf eine Öffnung nur vorgenommen werden, entweder wenn die Staatsanwaltschaft wegen einer am Verstorbenen begangenen Straftat ermittelt oder wenn der Arzt die Todesursache nicht feststellen kann, also das Verschulden eines anderen in Betracht kommen könnte. Anderenfalls muß eine Einwilligung noch des Verstorbenen, z.B. zu wissenschaftlichen Zwecken, oder aber von den Angehörigen vorliegen. Dasselbe gilt für die **Entnahme von Organen** aus der Leiche. Hier bedarf es gelegentlich der Aufmerksamkeit gegenüber Aufnahmebestimmungen klinischer Einrichtungen, die den Ärzten Eingriffe freistellen, falls nicht Angehörige binnen 24 Stunden nach dem Tode des Patienten Einspruch erhoben haben.

Stichwortverzeichnis